人文故事
RENWENGUSHI

# 文物的故事

王天红 著

河北出版传媒集团
河北人民出版社
石家庄

# 引言

当走进博物馆，置身于精心布置陈列着文物的展厅，驻足凝视那一件件镌刻着历史沧桑、蕴含着文化积淀的文物展品时，我们惊叹于古人的巧夺天工，同时，也并不了解这一件件文物背后的故事，不知道它们是如何被勘探、发掘、整理后呈现于世人面前的。

文物是实物形态的历史文化遗存，是具有历史、科学、艺术价值的代表性的历史遗物，并不是所有的历史上遗留至今的东西都可以称为文物。我们可以把文物分为不可移动文物和可移动文物。不可移动文物基本上都是文物史迹，如古建筑、石窟、石刻、古遗址、古墓葬、近现代的重要建筑、纪念地等。可移动文物主要有：石器、陶器、铜器、铁器、金银器、玉器、瓷器、漆器、书画、古文献等。文物从不同的侧面反映了各个历史时期人们的生产生活、社会关系、意识形态以及利用自然、改造自然和当时生态环境的状况，是宝贵的历史文化遗产。

文物是文化的载体，是一种物化了的文化。有价值的文物必然凝聚着古人的审美情趣、思维方式等内涵。每一件文物的发现、流传都充满传奇性的经历，每一件文物的产生则是内容更为生动丰富的故事。一件件精美雅致的文物，无一不是文化历史的侧影。

说文物的故事当然少不了淘到一两件宝贝的快乐，更多的却是文物中透出的几代人的家国离愁。文物永远是一个说不完的话题、讲不尽的故事，它凝聚着、诉说着一个民族全部的生动的历史。

文物是一个民族和国家重要的历史见证。中国是一个文明古国，文化灿烂厚重，也是一个文物大国，文物遗存丰厚。据文物部门的统计，我国现存的文物点大约有40万处，馆藏的文物大概有2000万件。对于我们这样一个历史悠久的大国来说，现存的文物不是太多，而是太少了。大自然的破坏、外族的入侵、内部的动乱、愚昧和贪婪，在历史上曾经给文物带来无数次的劫难。现在我们能够看到的文物，都是劫后余生的珍宝。这些文物瑰宝不仅是我国人民的宝贵财富，也是人类共同的文化遗珍。因此，文物勘探、发掘、保护至关重要，我们不能看着祖先留给我们的这一件件宝贵的文化遗产在岁月的风雨烟云中遭到损毁、破坏，变成永远的遗憾。保护文物，传承文明，我们每个人责无旁贷。

让我们走进琳琅满目的文物的世界，体会华夏文化的博大精深，从中汲取丰富的精神财富吧。

# 目录

## 第四章　玉器

## 第五章　金器、银器和兵器

## 第六章　雕塑

## 第七章　建筑

## 第八章　王陵

## 第九章　化石

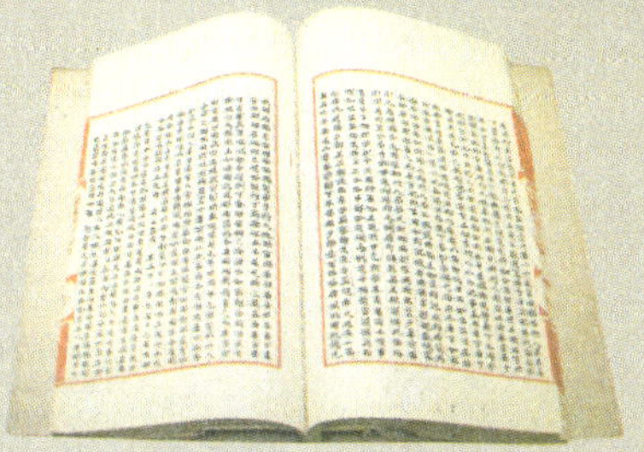

## 第十章　藏书

## 第十一章　绘画

## 第十二章　书法

## 小词典

# 第一章　语言文字及载体

- 甲骨文
- 竹简
- 石头的书
- 《金刚经》扉画
- 活字印刷

# 语言文字及载体

## 甲骨文

甲骨文的发现是19世纪末20世纪初中国考古学上的三大发现之一（另外的两个重要发现是敦煌文书及流沙坠简）。殷墟的发掘由甲骨而起，作为商代王室贵族的占卜问天之物，甲骨给我们带来了3000年前泱泱大国的信息。

晚清的光绪年间，河南安阳的西北有个不起眼的地方叫小屯村，小屯村的农民在这风沙弥漫的黄土地上耕作，经常从地下翻出一些刻有文字的甲骨，因不知甲骨为何物，便把这些无价之宝扔在河边，或用来填坑。后来有一个姓李的剃头匠，不知什么原因，染上一身脓疮，无钱求医，无可奈何中，灵机一动，将扔在河边的甲骨碾成粉末涂在身上。没想到，这些粉末将疮面的脓水吸干，血也止住了。甲骨这种止血治疮的功效很快传遍了小屯村，村里的几个读书人称之为“龙骨”，好像这些甲骨还颇有一点来历。剃头匠将“龙骨”以六文钱一斤的可怜的价钱卖给了中药店。可谁能想到，这种“龙骨”竟是3000年前商王朝的遗物呢？又有谁能想到，这些所谓的“龙骨”在日后竟然成为一门新兴的学问，造就一大批新的学者，并进而引起了一场史学的革命呢？

刻辞卜骨：河南安阳市殷墟小屯南地出土。商代占卜多用龟甲和兽骨。其中兽骨称卜骨，多用牛羊的肩胛骨。

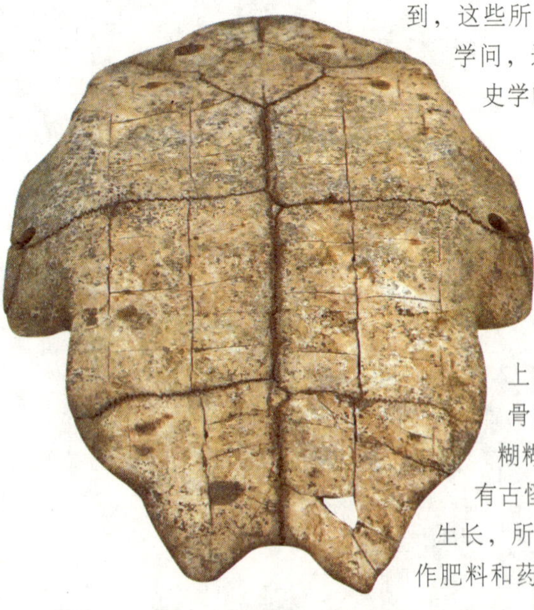

农民们把甲骨弄碎作为肥料，或是仿效那个剃头匠，将甲骨磨成粉末，冒充成“龙骨”，大批量地卖给中药铺，作治疗破伤用的刀枪药，一斤才值几文钱。因为药店收购的“龙骨”一般不要有字的，所以，当时老百姓常把出土的甲骨上的字刮掉，也有的担心刮掉太多会减轻甲骨的重量，所以就设法把字磨去，磨到模模糊糊而不易辨识的程度为止。有些农民认为刻有古怪符号的龟甲和兽骨是不祥之物，有碍庄稼生长，所以就把它们扔进枯井。当时，像这样被当作肥料和药材而被销毁，或是被废弃的甲骨不知有多少。这实在是令人痛心的事情。这种情况一直持续到光绪二十五年（1899年），才有了变化。

1899年，甲骨文终于被当时任清王朝国子监祭酒的王懿荣发现。据说，王懿荣当时身患疟疾，派人到北京宣武门外菜市口达仁堂药店购买中药“龙骨”。“龙骨”买回来后，他打开药包，无意中发现龙骨上隐隐约约地刻着一些奇形怪状的符号。王氏是有名的金石学者，精通古代铜器铭文，号称“泛涉书史，嗜金石”。而面对这些稀奇古怪的符号，竟不知所云。不过，他相信这些甲骨的价值，并因此引起了更大的兴趣。于是他开始细心揣摩、研究这些符号，最后经仔细观察，并与已知的金文等古文字相印证，遂认定这些符号是一种已经遗失了的我国古代文字。就这样，使全世界史学界和考古学界为之震惊的甲骨文，富有戏剧性地被揭示出来了。王懿荣也就成为最早发现甲骨文的学者。他又从中药店里了解到，这些带字划的所谓“龙骨”是古董商人从河南一带收购来的，他就以每版2两银子的价钱收购了12版甲骨文。1900年，古董商人范维卿、赵执斋听说北京有人以优惠的价格收购甲骨，就携带了数百片甲骨来到北京。王懿荣又以高价收购进来。从此，甲骨文身价倍增，一些有识之士如《老残游记》的作者刘鹗、古文字学家罗振玉等人纷纷出资收购。一些外国传教士也随之加入了购藏甲骨的行列。1900年上半年，王懿

甲骨文字：帛、丝、桑、蚕等字。江苏南京云锦博物馆收藏。

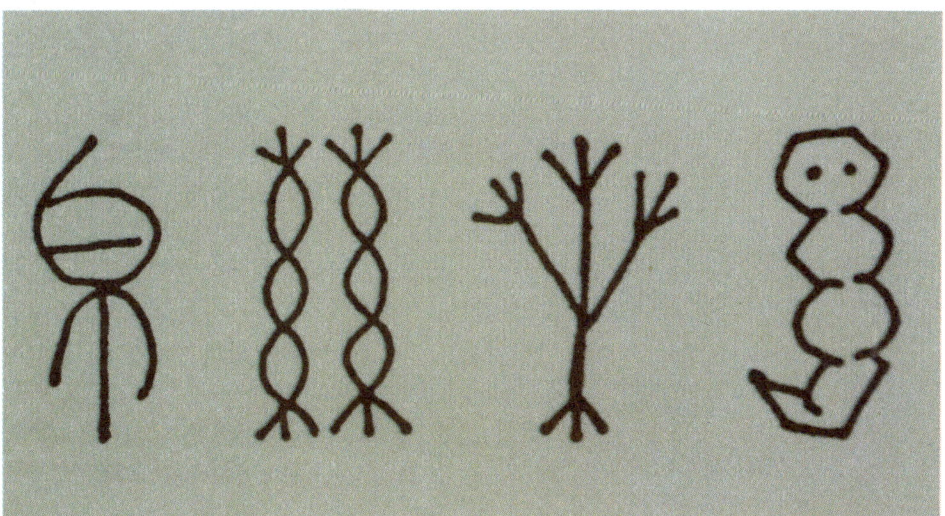

## 罗振玉

罗振玉（1866—1940年），字叔蕴，一字叔言，号雪堂，又号贞松老人。祖籍浙江上虞，客籍江苏淮安。近代教育家、考古学家、金石学家、敦煌学家、目录学家、校勘学家、古文字学家，中国现代农学的开拓者，中国近代考古学的奠基人，甲骨学的奠基者。他在文字方面的贡献主要体现在甲骨文的收集研究、铜器铭文的编纂印行、简牍碑刻等古文字资料的搜罗与刊布等方面。

荣又先后两次从商人那里买得有字甲骨千余片，并潜心进行研究。1900年7月，八国联军入侵北京，王懿荣以国子监祭酒的身份任团练大臣，抵御外敌入侵，兵败后王懿荣义不受辱，与妻子一起投水自尽，壮烈殉国。令人遗憾的是，我国最早发现甲骨文的王懿荣和甲骨只有短短一年的缘分。

1903年，刘鹗印行了中国第一部著录甲骨文的书籍《铁云藏龟》，这本书对甲骨文的搜集起了很大的推动作用。眼看着甲骨文售价日涨，一些古董商人想垄断甲骨交易从而大发其财，便故意隐瞒甲骨出土的真实地点，诡称出自河南汤阳、卫辉。直到1908年，经罗振玉多年留心探访，才得知甲骨其实出自河南安阳的小屯，从此以后，甲骨的搜集者纷至沓来，使这块一向默默无闻、植满五谷的田野一下子变得喧闹起来。伴随着甲骨文被确认、购藏和挖掘的过程，古文字学家也开始了艰苦的破译工作。在古文字学家看来，破译一个甲骨文字，就像天文学家发现一颗新星一样。为什么安阳的小屯发现了这么多的甲骨？甲骨上的文字究竟是什么意思？很多学者，包括外国的学者，对此产生了浓厚的兴趣，纷纷投身到甲骨文的研究中来。

经过孙诒让、罗振玉、王国维、叶玉森等人的努力，甲骨上可以认识的字逐渐增多，甲骨片上排列的某些文字成为可以通读的文句了。1910年，罗振玉又释出10多位殷王的名谥。原来，这些刻在龟甲和动物肩胛骨上的文字，正是殷人占卜的记录文字。甲骨文是目前能确认的最早的汉字，它已经体现出象形、指事、假借、形声等汉字的构成规律。在殷人的生活中，占卜和祭祀是最重要的事情了。这些卜辞反映了商代社会政治、经济、军事等方面的情况，是研究商代历史最真实、最珍贵的历史资料。出土甲骨文的小屯村正是古文献上所记载的殷墟！从甲骨文被确认为商代遗物，到甲骨出土地点被认定为小屯，再到小屯被证实为殷墟的所在，前后经历了20多年的时间。所谓“殷墟”，是商王朝后期的王都遗址，小屯正是它的中心。大约在公元前14世纪，盘庚迁都到这里，一直到纣王亡国。商被周推翻以后，这里就失去了往日的繁荣，逐渐地沦为废墟，所以叫“殷墟”。因为甲骨的发现而导致了殷墟的发现，而殷墟的发现是近代史学的开端。

先后由郭沫若、胡厚宣主持编辑的13巨册《甲骨文合集》收录有代表性的甲骨4万多片，基本上反映了甲骨文的全貌。在出土的近15万片甲骨上，涉及不相重复的单字4500多个，经几代学者的努力，现在已经考释出近三分之一，靠这些已认识的字，基本上能通读和准确理解甲骨片上的全文，并用于研究商代历史。

甲骨文是刻在龟甲和兽骨上的，龟甲和兽骨统称甲骨。兽骨多用牛羊的肩胛骨。甲骨在使用之前，要先经过加工，首先把甲骨上的血肉除净，接着锯削磨平，精心地打磨。然后，在龟甲的内面或兽骨的反面用刃具钻凿凹缺，叫做“凿”。也有在甲骨下端宽薄部分的正面做“凿”的。“凿”的排列是整齐有序的。占卜的时候，先用火去烧灼甲骨上的“凿”，因为甲骨厚薄不均，被烧灼的凿的正面呈现出各种各样的“卜”字形的裂痕，这裂痕称“兆”。研究裂纹的走向形状，可以判断事情的吉和凶。殷人怕一次占卜不可靠，每次都要用三枚甲骨来试验。在今天的人看来，这当然是迷信。占卜问题时，要从问题的正反两方面问，如问下雨，要先问下雨，再问不下雨，每一问都要灼若干个兆。占卜的人，要将自己的名字、占卜的日期、要问的问题都刻在甲骨上，还要把兆的次序和性质刻在兆的旁边。最后将占卜的结果，即占卜是否灵验刻到甲骨上。经过占卜证验之后，这刻有卜辞的甲骨就成为一种档案被保存下来了。

从1899至1928年间，大量甲骨流往国外，据不完全的统计，流落国外的甲骨，日本12443片，加拿大7802片，英国3355片，美国1882片，德国715片，苏联199片，瑞典100片，瑞士99片，法国64片。约有12个国家共收藏我国殷墟甲骨26700片左右。大批甲骨的流失，是我国文化财富的巨大损失，也给我国学术事业的发展带来不便。

甲骨的发现无疑是20世纪初的一件大事，其发现之时正是我国史学界疑古之风盛行之际，一些人认为西周以前的历史只是古史传说，无证可信。先前有人怀疑过《史记·殷本纪》的记载是否可靠，通过甲骨文的发现与研究，我们确信，商朝历史是我国的信史，而且，我们由此可以进一步地认为，《史记·夏本纪》的记载也应该是可信的，这就为夏文化的探索提供了光明的前景，增强了人们认识夏、商、周三代以及史前文化的信心。

## 竹简

早在周朝的时候，我们的祖先就已经知道用毛笔和墨在竹片或木片上写字，所用的竹片就是竹简。竹简大约长一二尺，宽半寸左右，每片上面多的可以写三四十个字，少的只能写七八个字。这样，一份文件往往要用很多竹简，一部书就要上千片竹简。这么多的竹简，要按照顺序用麻绳、丝绳或熟皮带把它们串联起来。用丝绳串的叫做“丝编”，用熟皮带串的叫做“韦编”。编串起来的竹简，古人把它叫册。“册”字实际上也就像几片竹简连在一起的样子。孔子晚年的时候研究《易经》，由于来回地看，翻动的次数太多了，那竹简的皮带就断了三次，这就是“韦编三绝”的典故。由此也可以知道，古人读竹简的书是很困难的。竹简体积大，又很重，携带起来很不方便。战国时候，有个大思想家叫惠施，他外出的时候，所带的竹简要装五辆车，所以后人形容某人学问大，就说他“学富五车”。其实，五车竹简所能记载的文字，还不如今天的一本书多。汉朝有个文人叫东方朔，他给武帝上了个奏折，竟用了3000多片竹简，要两个壮小伙才能抬得动。汉武帝花了两个月的时间，才把东方朔的大作看完。东汉初年，光武帝把图书运到洛阳，动用了2000多辆车子。

281年，有人在汲郡（今河南省北部）盗发魏襄王墓，发现了大量的竹简，计有16种书，包括著名的《竹书纪年》和《穆天子传》。中华人民共和国成立以后，各地不断有竹简出土，其中不乏很有价值的文献。例如，湖北云梦睡虎地秦墓的发掘、山东临沂银雀山汉墓的发掘，都曾经出土很多有价值的竹简。

### 睡虎地秦简

战国时期，各国先后实行变法，进一步制订法律，加以公布。秦代的法律对2000多年的封建社会产生过深远的影响，但是，有关秦法的材料却很少。秦始皇作为第一个专制帝王，作为焚书坑儒的暴君，被人骂了2000多年。历史上的儒家学者在追述封建社会的法律制度的时候，不愿意与秦连在一起，所以，人们对秦法的了解非常之少，秦简的出土弥补了这一缺憾。湖北云梦睡虎地出土的秦简，就是战国晚期秦国执行的法律。

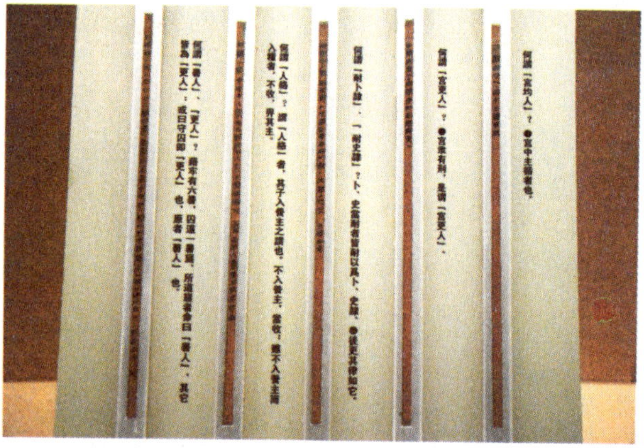

秦代《法律答问》竹简：1975年湖北云梦睡虎地11号墓出土。

1975年湖北云梦睡虎地11号秦墓的发掘，使2000多年前秦国的法律、吏治等情况得见天日。根据墓葬形制和出土文物，可以断定这批墓地是战国末秦国至秦始皇时代的墓葬，这些墓密集地分布在睡虎地山嘴上。12座墓中共出土文物400余件，主要有漆、木、竹、陶、铜、铁等各种器物，其中以漆器最精美，造型独特，色彩亮丽如新。但所有的发现中最激动人心的是11号墓中出土的1155片竹简。

简长23.1～27.8厘米，约合秦尺一尺二寸，宽0.5～0.8厘米，简文是用毛笔抄写的秦代隶书，字迹工整清晰，共有4万多字。简的上、中、下都有三道残存的绳痕，可知当时是以细绳分三道将一枚枚竹简编辑成册的，出土时绳索已腐朽，竹简散乱成堆，看不出原来的编撰顺序。

李学勤等10多位学者经过一年多时间的辛勤工作，终于弄清了这批竹简的内容和价值。秦简的内容十分丰富，共有《编年记》《语书》《秦律十八种》《效律》《秦律杂抄《法律答问》《封诊式》《为吏之道》《日书》甲种和乙种等10种书籍（《语书》《封诊式》和《日书》是原有的标题，其余各书书名是云梦秦简整理小组根据内容拟定的）。《编年记》记载了从秦昭王元年（前306年）到秦始皇三十年（前217年）统一全国战争过程中的大事，很多记载和《史记》的记载一致，某些记载比《史记》更详细。

睡虎地发现的秦律竹简，主要分三大类：一是法律答问。前面是律文，后面是问答式的解释，教官吏如何处理各种刑事案件。其中最重要的是非法取得财物的“盗”和杀伤他人的“贼”。所谓“盗”，指盗窃钱币、珠玉到衣服，乃至于偷采别人的桑叶。二是封诊式。主要是处理各种民间民事和刑事的案例。譬如盗马的、盗铸钱的、争夺敌人首级的、争夺走失的牛，等等。从《封诊式》中的《治狱》《讯狱》两节来看，秦律也不主张刑讯逼供，认为不刑讯而能够把案件搞清楚是最好不过。只有当犯人欺骗、不服罪的情况下才能施刑。施了刑就必须在审讯记录中说清楚。三是其他各种法律。实质上就是政府的各种规章制度。有关农田林苑的管理、田税的定额有《田律》，有关学徒的考绩有《均工》，有关户口登记管理的有《傅律》，有关邮送公文的制度有《行书律》，有关游士的管理有《游士律》。

## 银雀山汉简

孙武和孙膑是中国古代著名的军事家，在汉代的史书中有明确的记载，南宋以后，《孙子兵法》的作者又成了问题。原因是孙膑的著作，即《汉书·艺文志》著录的《齐孙子》，也就是《孙膑兵法》失传，到后来只留传下一部《孙子兵法》。从《隋书·经籍志》开始，再也见不到关于《孙子兵法》的著录。有人认为《左传》中没有记载孙膑的事迹，因而怀疑历史上是否真有孙膑这个人和他所著的《孙膑兵法》。有人认为《孙子兵法》是由曹操改编而成，或根本就是后人伪托；还有人认为根本就没有孙武其人，兵法为孙膑所著。直到1972年山东临沂银雀山汉墓中竹简的《孙子兵法》和《孙膑兵法》同时出土，才解决了这个聚讼已久的问题。

临沂老城南约一公里的地方，有两座小山冈，东西对峙，好像两个卫士拱卫着临沂。这两座山冈，东边的名为金雀山，西边的名为银雀山。

1972年4月10日，临沂县城关建筑管理站的一位老工人来到“临沂文物组”报告：在临沂地区卫生局的基建工地上，发现了一座古代的墓葬。临沂文物组闻讯以后，立即派人前往勘察。4月14日，临沂文物组考古人员来到工地进行正式的发掘。

1号墓出土的器物有鼎、盆、壶、盘等陶器和杯、盒、壶、盘、奁、枝、兀、案等漆器。考古人员发现，在边厢北端有一歪斜的椭圆形木兀和在它上面的彩绘，与一堆烂在一起的竹片粘在一起，无法分别提取，只好先一块儿取出来再慢慢地清理。取出来的时候，腐朽的竹片还折断了一部分。当时考古人员也没有在意。不久，他们发现竹片上似乎有字。于是他们小心地用清水一点一点地冲洗上面的淤泥和水锈。清洗以后，竹片上居然出现了字迹。经过仔细地辨认，上面写的是“齐桓公问管子曰”七个字。考古队员们非常兴奋，意识到有了重大发现。前后两天，从边厢内一共出土竹简及竹简残片4900多枚。

汉代《孙膑兵法》竹简：1972年临沂银雀山汉墓出土。

由于竹简在墓中毕竟已经浸蚀了2000多年，早已腐朽。简上的文字不是刀刻，而是用笔墨写成，因此只能用毛笔蘸着清水一点一滴地耐心冲洗，才能慢慢洗去水锈，显出字迹。稍有不慎，或用手指一抹，不仅墨迹会被抹掉，简片也会变成一堆泥。考古工作者辛勤地工作了4年，才完成了对竹简的初步剥离和整理。

专家们发现这批竹简全部是书简，主要内容为《孙子兵法》《孙膑兵法》《六韬》《尉缭子》《晏子》《守法守令十三篇》《元光元年历谱》等珍贵的先秦古籍和数十篇佚书。银雀山汉墓考古发掘最重要的收获无疑是《孙子兵法》和《孙膑兵法》的同时出土。

临沂银雀山1号汉墓竹简的出土，使失传已达1000多年的《孙膑兵法》竟然从地下被挖掘出来，同时出土的还有我们都已知道的《孙子兵法》，而且这些竹简的书写年代都确定无疑地比我们所见到的史书记载要早得多。这就完全证实了历史上确有两个“孙子”，他们的著作《孙子兵法》和《孙膑兵法》本来就是两部不同的书。

临沂竹简《孙膑兵法》的发现，使我们第一次窥见它的大致内容和特征。它不但在内容上，而且在体例上，都与《孙子兵法》有很大不同。以篇幅论，《孙膑兵法》比《孙子兵法》长。孙子兵法不到6000字，《孙膑兵法》残简的文字就比它多；从体例来看，《孙膑兵法》主要以孙膑同齐威王、田忌等人的对话形式，论述了有关兵略、作战、阵法以及军队建设等方面的问题，这与《孙子兵法》以较为概括的语言，论证有关战争、军队和战略战术的问题，是很不一样的。

孙膑是孙武的后代，又是著名的军事家，他读过《孙子兵法》，受过孙武军事思想的影响。因此《孙膑兵法》在军事思想上对《孙子兵法》有所继承和发展。

临沂银雀山汉墓出土的竹简古籍，恢复了孙武和《孙子兵法》、孙膑和《孙膑兵法》的本来面目和历史地位；除此以外，还使一批长期以来被疑为伪书的古籍，如《六韬》《尉缭子》《管子》《晏子春秋》等书的千年冤案得以反正。

《六韬》是我国古代一部著名兵书，现存六卷，包括《文韬》《武韬》《龙韬》《虎韬》《豹韬》《犬韬》。这部书主要是用周文王与姜太公（吕望）问答应对的形式，阐述兵家军事思想和政治哲学思想。此书的作者，历来传说为周吕尚所著；但自宋代起，就有不少人认为它是伪书，不是汉以前所作，而是后人伪造。现在，《六韬》残简在西汉前期墓葬出土，足证它在西汉前期已广为流传，不是后人伪托。

《尉缭子》也是一部著名兵书，现存5卷24篇。《尉缭子》继承了《孙子》《吴子》有关的军事思想，颇得用兵之意。其“敦本务实、峻法明刑”的特色深受后世推崇。作者尉缭，是战国中期梁惠王时代的人，相传为鬼谷子的高足，精通兵法。

《管子》是先秦时期著名的综合性著作，体系庞杂，内容涉及政治、经济、军事、教育、法制、哲学等多个方面，曾影响了一代学人。作者管仲，曾任齐国宰相40年，完成齐国各方面改革，又以“尊王攘夷”为号召，使齐桓公得以“九合诸侯，一匡天下”，成为春秋五霸中的第一位霸主。

《晏子春秋》又名《晏子》，共8卷，包括内篇6卷、外篇两卷。内篇记载晏婴对国君的劝谏，以及晏婴对君王和权臣等提问咨询的应对。全书由200多个简短的故事汇集而成，没有固定的体例。作者晏子，姓晏名婴，春秋时曾在齐国做官，历仕齐灵、齐庄、齐景三公，为政有贤名。根据银雀山汉墓竹简，发现《晏子》八篇大部分都有，可以肯定是西汉以前的作品。

银雀山竹简还为校勘古籍提供了最早的范本。竹简对传世著作的篇章组合、段落分合、句读、字句的错误都有校正作用。

2号墓出土的32枚竹简，内容为公元前134年西汉的《元光元年历谱》，以10月为岁首，是迄今发现的中国最早、也最完整的历谱。其所记的晦朔干支，订正了自宋代以来的很多错误。

# 石头的书

## 石鼓文

中国古代的小说名著《红楼梦》原名《石头记》，为什么叫《石头记》呢？这就是曹雪芹的奇思妙想了。《红楼梦》第一回就交代说，空空道人访道求仙，在大荒山无稽崖青埂峰下看到一块大石，上面字迹分明，写着无材补天的顽石“亲自经历的一段陈迹故事”。

追溯起来，石头上刻书写书的历史十分悠久。人类曾经在很多不同的材料上写书，石头是其中之一。石书虽然现在不多见，但在古代却相当流行，差不多与汉字的产生、发展同步而行。西周、东周时期，石刻文字已经有了很大的进步。20世纪30年代在河北平山县的古城址范围内的南七汲村西南，发现一块大河光石，上面刻有文字。经有关专家研究，取名叫《公乘得守丘刻石》。这块刻石长90厘米，宽30厘米，厚40厘米。上面刻有文字两行，共19个字。刻文记载一个为国王监督管理湖池园囿的名叫公乘德的官，和一个看守陵墓的名叫曼的将，共同敬告后来贤人的事情。从刻文的字体和出土情况来分析，这块刻石的年代应该属于东周时期。这一时期更为有名的石刻文字叫“石鼓文”。流传到现在最早的石头书——刻石，要算秦国的石鼓。

7世纪初，即我国唐朝初期，在陕西省雍县（今凤翔县）出土“石鼓文”刻石，质地是花岗岩，直径1米，共10鼓。开始时没人重视，就地放置于田野中，日晒雨淋，无人问津。后来被迁移至凤翔府，放在夫子庙里。唐末五代时期石鼓散失，下落不明。后人多方寻找，总算皇天不负有心人，北宋时的司马池再次将它运

## 《集古录》

《集古录》：即《集古录跋尾》，10卷，中国现存最早的金石学著作。书成于北宋嘉祐八年(1063年)。它是欧阳修对家藏金石铭刻拓本所作题跋的汇集，收录周秦至五代金石文字跋尾400多篇。其中碑刻跋尾占绝大多数，铜器铭文仅20多篇。跋尾内容多偏重于史事评论，其目的在补正史传之阙谬，以传后学。

到凤翔府学保存，但此时石鼓已经遗失一鼓。北宋仁宗皇祐四年（1052年）时多处访求，终于得以补齐。徽宗大观年间（1107—1110年），蔡京又将石鼓运至东京汴梁（今河南省开封市），放在保和殿的稽古阁。据传，在这期间曾用金粉填其字，以示珍贵。金朝吞灭北宋，铁骑攻破汴京，趁着战火，金人将石鼓劫运到金中都（今北京城西南一带）。中间不知经过多少曲折，元朝建国以后，又移置于大都（今北京内城北部）的国子监大门内。石鼓在这里躺了600多年，从元朝、明朝、清朝，直至民国时期再也没有被移动过。20世纪30年代，中日战争全面爆发，当时任故宫博物院院长的马衡先生，将它南迁到四川的峨眉山保存。现在收藏在北京故宫博物院。

唐初石鼓文出土后，立即引起了学者的重视：书法家欧阳询、虞世南、褚遂良撰写文章推崇它的书法；诗人杜甫、韦应物、韩愈等则赋诗作歌，赞扬它的价值。宋代欧阳修等编撰《集古录》，强调石鼓文的文物价值。此后历代的学者，如北宋的苏东坡、南宋的郑樵、元代的潘迪、明代的周进、清代的阮元都对此有所论述。近代的一些著名学者也曾经就此发表研究成果，如马衡的《石鼓为秦刻石考》、郭沫若的《石鼓文研究》、唐兰的《石鼓年代考》等。

战国秦石鼓文：北京故宫博物院藏。

关于石鼓文的内容，自唐代开始就争论不休。唐宋人大多认为是《诗经·周颂》的逸诗。后来又有“汉代说”“北魏说”“北周说”，分歧如此之大，原因是石鼓上没有署名，没有官职、年号之类可以作参考。近代古文字专家唐兰等学者考证认为，石鼓记载的是，周天子派使臣到秦国，秦献公和他们一起出游、打猎的事。文体是诗，10首诗为一组，格调与《诗经》有点相似。

## 侯马盟书

闻名于世的晋文化遗址，主要分布在山西的临汾、运城地区。作为春秋晚期晋国都城所在地的侯马，更是遍布珍贵的文化遗迹。山西侯马，具有十分丰富的古代文化遗存，自1956年以来，进行过多次考古调查和发掘工作。1961年国务院将“侯马晋国遗址”首批列为全国重点文物保护单位之一。

1965年，在山西曲沃县配合电厂基建的考古发掘中，发现了侯马盟誓遗址。侯马遗址东西长70米，南北宽55米，面积3800多平方米。大约有400多个坑，这些坑大小不一，最大的坑长1.6米，宽0.6米。大多数坑的北壁下有一个小龛，龛里放有玉币，一共有210件。在所发掘的360多个坑里，有羊骨177具，牛骨63具，马骨19具。这些玉币和牺牲都是奉献给神灵和祖先的祭品。最重要的发现就是盟书了，形体完整的有656件。侯马盟书的辞文多数是写在长约20公分，宽3～5公分的圭形石片上，也有在玉块、玉片上的。这些玉块、玉片最大的不过拳掌大小。每块石片上均各书写一篇完整的文字，字数最多的有222个字，最少的为51个字。单字形体最大者是2.2厘米左右，最小者是0.2厘米。这批文字是我国目前发现的古代文字中用毛笔书写而篇章完整的官方典籍，十分宝贵，其文物价值不言而喻。盟誓是我国古代为了某些重大事件举行集会、制订公约、对天盟誓的政治盟约礼仪。盟誓的辞文被称为盟书或载书，一般一式两份，一份藏于负责盟誓的专门机构“盟府”里，一份埋于地下或沉于河中，以取信于鬼神。侯马盟书便是埋在地下的那一份。

这种盟誓的形式最初是奴隶主贵族开始使用的，到春秋晚期逐渐地流行起来，成为当时社会政治生活中令人瞩目的现象。据统计，从周平王四十九年（公元前722年）到周贞定王元年（公元前468年）的254年中，诸侯国之间的盟誓就有近200次，其中和晋国有关的达50多次，至于私家和宗族间的盟誓就更多了，因而有人把春秋形容为“世道交丧，盟诅滋彰”的时代。在我国古代史籍中，记载的盟誓种类很多，依据不同的角度可有不同的类型。按其参加人员分，主要有天子与大

战国侯马盟书：山西省侯马晋国遗址出土。河南安阳中国文字博物馆藏。

臣、诸侯间的，王臣参加的，多个诸侯之间的，诸侯与卿大夫之间的，诸侯与少数民族之间的，诸侯国君与国人之间的，卿大夫与卿大夫、家臣、本宗族成员之间的等；按其性质分，有政治性的，军事性的，经济性的，混合型的；按其仪式分，有血盟（人血盟、动物血盟）和非血盟的。而侯马盟誓则主要是晋国卿大夫、本宗族成员间的政治军事性的动物血盟。

根据考释的结果，可将盟书的内容分为五类。第一类是宗盟类，是同姓同宗的人在一起举行盟誓。宗盟类的盟辞强调内部的团结，具体内容是：要尊奉宗庙祭祀和守护宗庙，主盟人赵鞅为加强晋阳赵氏宗族的内部团结，要求大家一致对敌，为此而举行盟誓。第二类是委质类。委质类的参盟人本是赵尼的家臣，在赵尼失败以后，他们转而投靠赵氏盟主。他们在誓盟仪式上发誓，不再和赵尼等人交往，决不帮助赵尼等人回到晋国。否则氏族将被灭绝。这是赵氏家族的新成员宣誓效忠的盟辞。第三类是纳室类。这类盟辞是参盟人发誓不纳室，即不扩大奴隶数量，同时也要反对和声讨宗族兄弟的纳室行为，否则甘愿接受株连的制裁。这是从经济上加强赵氏家族内部的团结。第四类是诅咒类。辞文内容并非誓约，而是对既犯的罪行加以诅咒与谴责，使其受到神明的惩处。这是从精神方面压制恐吓那些背叛的思想和行为。第五类是卜筮类。这是盟誓中有关卜筮的记录，不是正式的盟书。

东周钟舞模陶范：山西博物院藏，山西省侯马晋国遗址出土。

通过这些盟书和相关的文献，我们对2500多年前的那场激烈的政治斗争有了更多的了解。公元前500年，晋赵鞅率师围卫，卫国送给赵鞅500家奴隶以求和。赵鞅以赵氏宗主的身份，把这500家奴隶置于他的旁支宗族赵午的采邑邯郸。公元前497年，赵鞅向赵午索取这500家奴隶，将这500家奴隶迁置到自己的采邑晋阳（即今太原一带）。赵午回到邯郸，告其父兄，父兄皆表示不给赵鞅这500家奴隶。于是赵鞅逮捕了赵午，囚禁于晋阳，并且再次以赵氏宗主的身份命令邯郸另立主君代替赵午，随即杀了赵午。赵鞅的政敌范氏和中行氏逃出晋国跑到朝歌（今河南淇县）。赵午之子赵稷和舅族荀寅（亦称中行文子，晋国六卿之一）以及荀寅的姻族范吉射（亦称范昭子或士吉射，晋国六卿之一）结成了联盟，起兵攻打赵鞅。赵鞅一度失势，由晋国都城新田（今侯马市）逃回晋阳。赵鞅回到晋阳不久，随即得到晋国六卿中韩不信（亦称韩简子）、魏曼多（亦称魏襄子）二卿的帮助，于公元前496年，带晋阳甲兵，以讨伐荀寅、范吉射的名义，从晋阳返回晋国都城新田，盟于公官。第二年又得知伯（亦称知跞，晋国六卿之一）的支持，并且参加赵鞅之盟。此后，赵鞅的宗族地位和卿大夫的地位才在晋国稳定下来。侯马盟书所记载的盟誓，主要为公元前496年，知伯参盟于赵鞅以后，赵鞅为了巩固自己在宗族内部的地位而进行的一系列“宗盟”。

赵鞅为了争取战争更大的胜利，能够得到奴隶的支持，于公元前493年与郑国作战时，宣布了包括以解放奴隶为号召的“铁誓”。赵鞅与范氏、中行氏的这场战争，主要战场在现在的河南省北部和河北省的西南部。赵鞅在为时9年的这场流血斗争中，打击了政敌，壮大了自己。他曾两次围攻朝歌，并进行了历史上的有名的“铁之战”，击败了援助范氏、中行氏的郑国军队，最后消灭了范氏和中行氏，赵鞅取得了晋国执政卿的地位。

侯马盟书使用了相当于句号和逗号的标点符号。都写在字的右下角，尽管这些符号比较原始，但它开创了我国使用标点符号的先例，其价值不可抹杀。

从书法艺术上看，侯马盟书是目前所发现的最早的用毛笔书写的完整篇章。书法熟练，纤巧秀丽，是书法艺术的珍品。

## 石经

东汉著名学者蔡邕，发现当时儒家的经文有许多错误，由于经书是当时的教科书，他恐怕贻误后学，就建议把经文加以校正。然后，蔡氏用朱笔把校正过的经文写在石碑上，由工人陈兴等镌刻。从灵帝熹平四年（175年）开始，到光和六年（183年）刻成。共

《开成石经》：陕西西安碑林博物馆。刻制于唐开成二年（837年）。

刻了七经，即《周易》《尚书》《鲁诗》《仪礼》《春秋·左氏传》《公羊传》和《论语》。这些石碑高1丈、宽4尺，共64块。石经刻成以后，立在洛阳太学门前。因为刻石开始于熹平年间，所以世称《熹平石经》。石经的刻成，为经书提供了标准文本，受到当时学者的欢迎。每天都有很多人前来抄写，太学门前车水马龙，街道为之堵塞，影响之大可以想见。石上的经文，是由蔡邕用当时通用的隶书手写的，字体遒劲美丽，所以它不但为儒家经典树立了标准文本，同时也为后来学习书法的人提供了结构优美、气势磅礴的隶书典范。直到今天，研究书法的人，还在临摹《熹平石经》的文字结构和笔法的技巧。

唐文宗开成二年（837年）又在石碑上刻成12种儒家经典，刻石227块，一共163卷，65万多字，立在唐朝首都长安的太学内。这部石经是郑覃以当时风行的楷书写刻的。《开成石经》保护得比较好，经过1000多年，没有遭到任何破坏，现在仍完好地屹立在西安市陕西省博物馆的碑林里。

清朝的时候，雕版印书已经非常普遍，但乾隆皇帝为了表示自己提倡儒家文化，于乾隆五十六年（1791年）又下令在石头上镌刻一部《十三经》，由蒋衡用楷体书写全文，共10多万字。由于当时雕版印书盛行，这部石经已不为世人所重视，现在完整无缺地保存在北京国子监原首都图书馆与首都博物馆之间的夹道内。

为了宣传教义，佛教也学习儒家的方法，利用石头来刻经。石刻的佛经始刻于南北朝，大盛于唐、辽、金。其中的摩崖石刻佛经以安岳的卧佛院石经为代表，安岳的卧佛院地处四川中部，境内山石奇秀，历代均有摩崖留世，是川中地区时代较早、数量集中、内容最为丰富的佛教石刻之乡。卧佛院始建于唐开元年间，至宋时共雕像1600多座，唐代刻经洞15个，还有已开凿完洞窟而尚未刻经或未开凿完工的洞共40个。其中洞壁已刻满佛经的15个洞，经文多刻在洞内左、中、右三面，刻经总面积达151.25平方米，40余万字。

著名的石刻佛经还有《房山石经》，因刻于北京房山而得名。《房山石经》始刻于隋末，盛刻于唐、辽、金三代，终刻于明朝末年，历时1000余年。所刻佛经共1022部，刻石15000余块，分藏房山石经山西天9个洞室和南塔前地穴中。地穴石经发掘后已移存云居寺文物保管所藏经库。这批石经，不仅数量众多，内容丰富，而且还有一些过去从未著录过的经典，例如《释教最上乘秘密藏陀罗尼集》《唐玄宗御注金刚般若波罗蜜经》等。此外，还有大量“石经题记”。据初步统计，约有7000条，其中有明确纪年的近1500条。《房山石经》是世界罕见的文化工程。它不仅对研究我国佛教的兴衰、佛教典籍的流传有很高的价值，而且对研究我国古代（特别是古代北方地区）的经济、政治、文化、艺术等情况，提供了一批重要而丰富的原始资料，具有重大的史料价值。

《房山石经》的由来颇有传奇色彩。南北朝时期出现了两次皇帝大规模的“灭佛”运动，盛极一时的佛教遭到了几乎灭顶的灾难。信徒们唯恐失去信仰，北齐一个叫慧思的和尚有意将佛教中的重要经典刻在石头上，存放于洞中，如果“法难”再次降临，手写经书被焚烧殆尽，就等灾难过后取出石经作为底本拓印，以免失传。这种虔诚的信仰也确实令人感动。

慧思的愿望在有生之年并没有实现，他的弟子静琬秉承了师傅的遗愿，立志吸取“灭佛”的教训，镌刻石经。静琬云游四方，最终选择房山作为刻经之地。于是静琬开始化缘筹钱，潜心刻经。石经山上有一座

北京房山石经：这是镌刻于863年的唐代石经。

金仙公主塔，塔上的题记中记叙道：唐玄宗的妹妹金仙公主听说了刻经一事深受感动，她请求皇帝赐给云居寺4000多卷大唐新旧的译经。唐代还没有发明雕版印刷技术，经卷都是手写的，非常珍贵。这4000多卷译经由当时佛教界中很有学识的版本目录学家智昇和尚亲自护送到云居寺。今天，全国范围内保存的唐代写经也十分稀少，而房山有4000多卷篆刻在石头上，无怪已故的佛教协会会长赵朴初曾感叹云居寺为北京的敦煌。

1999年9月9日，在举行了一场盛大的佛教仪式后，云居寺石经重新回藏地穴。在原址上改建了一座现代化的地宫，面积达400平方米，底板、侧墙和顶板均采用防水设施。回藏并不意味着与世隔绝，人们依然可以通过参观廊的大玻璃看到地宫里的石经。

## 《金刚经》扉画

中国古代有四大发明：造纸术、印刷术、火药和指南针，这是中国对世界文明的贡献。其中造纸和印刷术与文化的发达直接有关。没有纸的发明，我们无法想象人类知识的积累；没有印刷术的发明和进步，我们无法想象知识的广泛传播。根据考古的发掘，证明中国至少在公元前1世纪已有纸张出现。2世纪初，蔡伦改进了造纸方法，此后书籍全靠人们在纸上抄写来传播。到了8世纪前后，又发明了刻版印刷术，几百部几千部书可以一次印成，比过去手写的时代，向前踏进了一大步。当然，由于雕版印刷的成本比较昂贵，在雕版印刷已经发明和使用以后，抄写的方式并没有销声匿迹。东汉的王充，明朝的宋濂，他们最初的读书，学问的积累，主要还是靠抄书。明清那些小说名著，最初都是以抄本的形式在民间传播。

虽然印刷是中国古代的四大发明之一，但是，印刷术发明的确切年代却是一个有争论的问题。一般认为，雕版印刷术的发明始于唐代。至唐末咸通年间（860—873年）已经达到了很高的水平。有趣的是，最早的雕版印刷品和佛教的传播很有关系。寺院和佛教徒们很早就利用民间新兴的刻版印刷术，作为宣传佛教的工具。他们在这方面显得非常的聪明，一点也不保守。除了捺印的小块佛像以外，有时刻些大张佛像和律疏。远在刻版印刷术大兴以前，中国的木刻画就已经出现了。7世纪中叶，唐代玄奘法师以回锋纸印普贤菩萨像，布施四方。唐末司空图为洛阳敬爱寺僧惠确写的雕刻律疏文，曾说印本共800纸，可见那时寺院已有施舍用的律疏印本了。唐代的刻版印刷物，晚清时在敦煌的藏经洞里已有发现。其中最著名的便是王玠为二亲敬造普施的《金刚般若波罗蜜经》。经的前面有一幅精美的扉画（卷首刻印《说经图》），现藏英国伦敦博物馆。全经作卷子装。卷首的扉画框高24厘米，宽28.5厘米。由7个印张粘接而成。正文前是净口业真言，凡五行；正文，包括首尾题名，凡287行；正文后又是真言，凡4行；最后落款一行，总共296行，每行19或20字不等，总计约镌5000字。正文框高亦为24厘米，全长463厘米。加上卷首扉画宽28.5厘米，总长则为491.5厘米。题有“咸通九年四月十五日王玠为二亲敬造普施”一行。咸通九年也就是公元868年，这是世界上最早的有明确年月日的雕版印刷物。

《金刚经》卷首插画（局部）：该画描绘佛陀与弟子须菩提交谈的场景。

卷首所镌扉画，描写的是释迦牟尼佛坐祇树给孤独园对长老须菩提及僧众说法的故事。此画刀法遒美，神态肃穆，是一幅接近版画成熟期的作品。但见释迦牟尼佛端坐中央莲花座上，妙相庄严，胸藏万法，神态怡然。长老须菩提偏袒右肩，右膝着地，合十恭敬而向佛言。佛的左右，挺然屹立着两员护法天神，面目威严，精神尚武。周围环立着众僧和施主，亦洗耳恭听，神态虔诚。在微风吹拂中幡幢浮动，两位仙女驾着祥云从左右两个方向飘然而来。与之上下呼应，经筵前面则卧着

“成都府成都县龙池坊卞家印卖咒本”陀罗尼经咒：上刻梵文及小佛像，唐代文物，1944年四川成都出土。

两头勇猛的狮子，神态欲出，但又囿于佛法，表现得无可奈何。图中凡人物二十二、狮子二，加上经筵、经幢、祥云、砖地、莲座、佛光、衣带等，显得构图错综复杂，但又中心突出，层次分明，错落有致。人物形象各异，面部表情、站行神态，都很生动自然。人的须发、衣裟皱褶、行云飘带等各种线条，都很流畅明快。整个扉画显得古朴大方。

除此以外，成都的唐墓中出土了一张成都府卞家印的梵文陀罗尼经，中央刻一小佛像坐莲座上，外刻梵文经咒，咒文外又围刻小佛像，这是国内仅存的最古的唐刻本。那时成都是西南文化出版的中心。唐时刻印的书籍，只限于广大市民阶层常用的通俗书籍和佛教经典，这为两宋的蜀本打下了良好的技术基础。北宋开宝四年（971年），宋朝政府派人到成都雕造大藏经5000余卷，这是一次规模巨大的出版工作，蜀本由此知名。如果蜀川没有雕版印刷的优良传统和雄厚基础，要雕刻如此规模的佛经是无法想象的。

## 活字印刷

雕版印刷较之手抄，当然有它的优越性。一部书版，可以印几十部、几百部书。雕版印刷的发明对于文化的普及确实起了巨大的作用。但是，雕版印刷也有它的缺陷，每印一页书，就要刻一块版，人力、财力和时间的消耗非常大，很辛苦。如果印了一次不再印第二次，那就是很大的浪费。要是不得已半途而废，损失就更大。版片的保存也不是一件容易的事情。当雕版印刷发展到很高水平的时候，人们觉得每印一本书都要重新雕版，是一件十分费工的事情，因而极力寻找一种更快、更省的印书工艺。活字版就是在这种需求的推动下被发明出来的。活字印刷术的发明是印刷史上又一伟大的里程碑：它既继承了雕版印刷的某些传统，又开创了新的印刷技术。活字印刷和雕版印刷一样，先制成凸出的反体字，然后刷上墨，再印到纸上。活字印刷用的是一个一个的活字，印书之前，先排成版，然后再印刷。印完以后，可以把书版拆开，排另一种书或另一页书。而雕版印刷用的是一块一块的雕版，这种雕版只能印刷一种书。

活字版发明后，先后有泥活字、木活字及金属活字。谈到活字版的发明，不能不提到毕昇和沈括。由于封建社会对科技的漠视，无数的发明创造和发明家的生平事迹被湮没无闻，尤其是那些出身平民的发明家的事迹就更是鲜为人知了。多亏北宋著名的文人沈括（1031—1095年，杭州钱塘人）在其所著的《梦溪笔谈》一书中，详细地记载了同时代的平民毕昇发明活字版及其工艺概况：北宋庆历年间(1041—1048年)，毕昇发明了活字印刷。他用胶泥制作活字，活字的形状是像铜钱那样的薄片，像刻图章一样在每片上刻一个字。然后用火烧，使其坚固耐用。那些常用的字，就多刻一些。按字的声韵来排列存放。接着就是排版，先准备一块铁板，上面铺上一层掺和纸灰的松脂蜡。再准备一个铁框（范），放在铁板上。然后按照书稿排版。排满以后，将铁板加热，待蜡稍一融化，再用一平板压一下，将全部活字粘在铁板上，并保证字面的平整，以利于印刷。等到蜡凝固以后，就可以开始印刷了。印完以后，再将活字退放原处，以便下次使用。为了提高效率，可用两块铁板，交替使用。由此可见，毕昇发明的活字版，已经是完整的成熟的工艺技术。沈括说："若止印三二本，未为简易；若印数十百千本，则极为神速。"显然毕昇的泥活字已经排版印书，而且效果很好，但是究竟印了什么书，什么式样，既不见传本，也不见著录，现在已经不得而知了。如果不是沈括在《梦溪笔谈》中提到了毕昇发明活字的事迹，那我们将永远不会知道我们的祖先曾经有过如此了

《梦溪笔谈》关于毕昇活字的记载：庆历中，有布衣毕昇又为活版。中国印刷博物馆藏。

不起的发明创造。

版本目录学家缪荃孙（1844—1919年）曾经说，北宋范祖禹（1041—1098年，成都华阳人）所著的《帝学》一书，有宋代泥活字的版本传世。1978年，经许多版本学家的鉴定，现藏重庆图书馆的这本书，并非宋朝的活字印本，而是清代的活字本。

1987年，在浙江温州市郊的白象塔出土的北宋文物中，有《佛说观无量寿佛经》和《写经缘起》的残页。经宽13厘米，残高8.5～10.5厘米，纸色发黄，但质地坚韧柔软，经文按回旋形排列。具有明显的活字版特征：字体比宋版书小，技术拙劣，长短大小不等，经文出现漏字，墨色浓淡不匀，在回旋处字形有颠倒现象等。时间是北宋的崇宁二年（1103年），离毕昇发明活字印刷有50多年。

南宋光宗绍熙四年（1193年），曾经做过宰相的周必大在潭州（今湖南长沙）用沈括所记的方法，用胶泥铜板刊印了他所著的《玉堂杂记》。“玉堂”就是翰林院的美称，这本书写的是翰林院的一些趣闻轶事。在周必大给程元诚的信中提到：“近用沈存中法，以胶泥铜板移换摹印，今日偶成《玉堂杂记》二十八事。”存中是沈括的字，其法当是指以胶泥活字在铜板上排字，再用纸加以摹印。元朝初年，忽必烈的谋士姚枢教学生杨古用沈括所记毕昇泥活字法印成《近思录》《小学》《东莱经史论说》等书，时间大约在1241至1250年，可惜杨古所印的活字印书未能流传下来。1295年，安徽旌德县的知县王祯为了刻印他所著的《农书》，用两年的时间，刻制了3万多个木活字，这是我国历史上第一副木活字。1298年，王祯用自制的木活字试印了一部《旌德县志》，不到一个月的时间，就印了100部。这是我国方志中最早的活字本，可惜没有流传下来。王祯还发明了可以转动的排字盘，直径7尺，轴高3尺，盘内分成许多格子，两个大轮盘可以摆放3万多个

宋代毕昇活字版复原模型：现藏于中国国家博物馆。

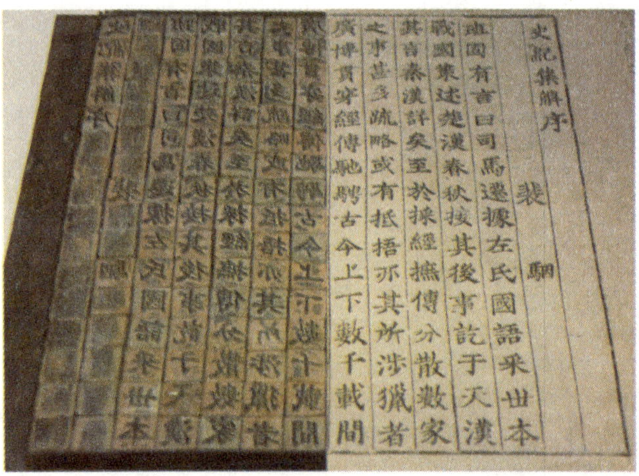

字。排版的时候，一个人念书稿，另一个人按照字韵从盘里取字。

最使人振奋的是近年发现并经考古专家考证，确认为西夏时期采用毕昇发明的泥活字印刷术创制的西夏文泥活字排印的《维摩诘所说经》的出土，这是现存的世界上最早的泥活字印本。它的出土对研究活字印刷的发明和应用具有重要意义。《红楼梦》的第一个刻本便是乾隆五十六年（1791年）高鹗、程伟元所刻的木活字本。

明朝人在泥活字、木活字之后，发明了铜活字。在弘治、正德年间（1488—1521年），在江苏的苏州、无锡、常州、南京一带，有很多书坊印刷了铜活字的书籍。其中最著名的是无锡的华家和安家，数量多，也有传本流传后世。华家解决了铜活字印刷中一系列的技术难题，用铜活字排印了24种书籍，对后世影响很大。

清人在泥活字、木活字、铜活字之后，又发明了磁活字。雍正元年（1723年），有一位举人，叫徐志定，做过知县。他于康熙五十七年（1718年），用毕昇的方法制成磁活字，并于第二年用磁版印成其同乡张尔岐的《周易说略》一书。

现在能见到的泥活字印书实物，是清代苏州人李瑶和安徽人翟金生两家用毕昇遗法自造泥活字印刷的书籍。清代道光十年（1830年），苏州人李瑶在寄居杭州时，用泥活字排印了清温睿临《南疆绎史勘本》，道光十二年（1832年）李瑶用泥活字排印了自著的《校补金石例四种》。在自序及前封面中，将本书编辑、校补、制字、排印经过，做了较详细的叙述。

在用泥活字印刷方面，最有成就的是清代安徽泾县西南水东村人翟金生。皖南泾县的翟氏，历来多奇巧之人，例如宣纸的创制者，就是翟氏的先人。翟金生字西园，是一个没有功名的穷秀才，以教书为生，能诗善画，颇具艺术才能。他深知一般既无官诰又无科第的人，要想使自己的著作雕版行世、广为流传，那是很不容易办到的事情。因为雕版印书工本太大，劳师费时，即使很有见地、很有水平、很有价值的作品，也是极难登付梨枣，镌版印行的。这就使很多作品沉埋无闻，明珠潜光。为了避免雕版的浩大工本，翟金生发动子侄，根据沈括的记载，刻意仿制毕昇的泥活字。且分大、中、小、次小、最小5个型号，凡十万有奇。其制造方法和过程相当复杂。翟金生竭尽30年的不懈努力，最后才获得成功。到道光二十四年（1844年），他用白色连史纸排印了自己的诗集，名曰《泥版试印初编》。此本国家图书馆亦有珍藏，看去字画均匀，纸墨精良，是泥活字印刷的又一成功作品。

翟金生在道光二十七年（1847年），又排印其友人黄爵滋的诗集——《仙屏书屋初集》18卷。此本国家图书馆亦有珍藏，其封面印有“泾翟西园泥字排印”两行。道光二十八年（1848年）冬，翟金生的弟弟翟廷珍用其兄的泥活字，排印了自著的《修业堂初集肆雅诗钞》4卷3册。翟氏的泥活字有时也称为“泥斗版”“澄泥版”“泥聚珍版”等。

咸丰七年（1857年），翟金生已是82岁的老人了，他又叫孙子翟家祥利用这套泥活字排印了前明嘉靖时翟震川所修之翟氏家谱，名为《水东翟氏宗谱》。此书国家图书馆亦有所珍藏。

# 第二章　陶瓷器

彩陶
唐三彩
名窑
清瓷

# 陶瓷器

## 彩陶

史前艺术的集中体现是彩陶。陶器一发明出来，先民们就千方百计地给它装饰打扮，给它打磨、刻画、压印等。彩绘的运用，使粗糙的陶器变得丰富多彩。学者们把彩陶时期的文化称作“彩陶文化”。史前彩陶的分布范围非常广，时间跨度也相当大。它起始于距今8000多年前，一直延续到距今4000多年的新石器时代的末期。这一时期代表性的文化遗存就是彩陶。彩陶文化的繁荣期大约距今6500到4500年。在这样一个长达2000年的区间内，差不多都有彩陶的制作。其中比较发达的有仰韶、大汶口、大溪、屈家岭、马家窑文化等等。仰韶文化属于母系氏族社会繁荣时期的一种文化。最早发掘的地点是河南渑池的仰韶村，由此而得名。以渭、汾、洛诸黄河支流汇集的平原地区为中心，北到长城沿线及河套地区，南到鄂西北，东至豫东一带，西到甘、青接壤之地。是中国新石器时代诸文化中的一支主干。大汶口文化，分布于山东和苏北地区。因最早发现于山东泰安县的大汶口镇而得名。大溪文化，主要分布于山峡地区和湖北西部的长江两岸。因首先发现于四川巫山县的大溪镇而得名。屈家岭文化，主要分布于长江的中游、汉水流域。因首先发现于湖北京山的屈家岭而得名。马家窑文化，因为最早发现于甘肃临洮的马家窑而得名。主要分布在黄河上游的甘肃、青海东北部。它是在仰韶文化的影响下发展起来的。

仰韶文化鹳鱼石斧图彩绘陶缸：1978年河南临汝阎村出土。这是至今所见中国新石器时代最大的一幅陶器绘画。

新石器时代的陶器以实用为基础，陶器上的图案归根到底，要服从实用的需要。先民们把装饰美和实用美结合得很好。陶器上的图案必定是安排在器物最突出的部位。彩陶的图案有流畅的线条，可见当时已经发明了绘画用的类似毛笔的东西，大概是用的羽毛。陶器上的色彩来自各种矿粉。

有些彩陶的图画含义非常神秘，现在的人已经很难确切地解释其内涵。1978年，在河南汝州阎村发现了一个深腹的平底陶缸。缸的侧面绘有图画，画面高37厘米，宽44厘米，是至今所发现的最大的原始彩陶，距今约5000年左右。在这幅彩画上，一只白色的鹳鸟侧立着，嘴长长的，足高高的，尾巴短短的，全身白色。嘴里衔着一条大鱼。鱼的轮廓用粗粗的黑线勾出，鳍和尾画成重色，鱼身填以白色。鱼身似乎是僵硬的样子，鹳圆睁着眼睛，稍稍向后仰着，好像在用力。对面是一把石斧，用粗重的黑线勾出，中间被涂以白色。这幅图案显然不同于一般的图案，它是在表达一个完整的意思。有人说，这只陶缸（瓮棺）具有纪念死者的象征意义。这个陶缸非常大，死者可能是一位酋长。石斧或许是权力的象征。鹳与鱼可能是氏族的图腾。有人猜测，以鹳为图腾的部落打败了以鱼为图腾的部落，鹳部落的首领去世以后，他的骨灰装在陶缸里，人们就在陶缸上绘画以纪念他。

舞蹈纹彩陶盆（局部）：新石器时代马家窑文化类型，青海同德宗日遗址出土。陶盆内壁饰两组人物手拉手的舞蹈纹图案，构图生动，线条洗练。

在青海大通县上孙家寨的马家窑文化遗址，1973年出土了一个距今约5000年的舞蹈纹盘，在盆内壁口沿画有三组舞蹈人。一组5个人，手牵着手，头侧着，向着同一个方向，两腿稍稍叉开，头上有辫子，身后有尾饰。从发辫和尾饰的方向可以看出，他们在有节奏地跳舞。有人说，他们的舞蹈可能跟某种巫术礼仪有关系。

## 唐三彩

唐三彩是大唐的艺术瑰宝。唐代的铅釉类陶器，总称唐三彩。铅釉陶器是汉代发明的，大放光彩是在唐代。这种彩色釉陶是在汉代低温铅釉陶工艺的基础上，经历了一个由粗到精的漫长的发展过程，到唐代，终于烧成了著名的唐三彩陶器。唐三彩一词，不见于古代文献，最早的记载是在民国时期。中华人民共和国成立以来，唐三彩之名长期沿用至今，当然，专业研究者则多以“唐彩色釉陶”之名称呼。从严格意义上说，后者更具科学性，因为从工艺上看，唐三彩是“釉”而算不

唐代三彩碗：陕西省乾县唐永泰公主墓出土。陕西省历史博物馆藏。

上“彩”，但唐三彩是约定俗成的名称，有广泛的影响，因而保持这一名称具有普遍意义。唐代的铅釉陶器，在同一个器物上，黄、绿、白，或是黄、绿、蓝等颜色同时交错地使用，形成绚丽多彩的效果，这就是我们常说的“唐三彩”。唐三彩是一种挂釉的陶器，它的胎质大多是白色的黏土。唐三彩的铅釉全用氧化焰烧制而成。

铅釉是由石英、草木灰和铅的氧化物配制成的透明的釉。这种铅料，不加色剂就是白釉；加一点氧化铜，就烧成绿色；加一点氧化铁，就出现褐色或黄色；加点氧化钴，又出现蓝色。这是唐三彩的基本色调。在此基础上，深一点，浅一点，哪种颜色多一点，哪种颜色少一点，又有千变万化的色彩。釉料中有铅金属，流动性很强，加上各种色彩在窑中烧制的时候，釉层流淌，每一种色彩都在流动，呈现出由淡到浓的层次，精彩纷呈。各种颜色的釉，互相渗透，互相浸润，形成绚丽融合的美丽图案。

唐三彩这一艺术瑰宝曾经长期被埋没，它的再放光芒已经到了晚清。现在能够看到的唐三彩，均由墓葬出土。清末光绪年间（1875—1908年），人们开始修筑连结开封至洛阳的汴洛铁路（即今天的陇海铁路）。工程机械隆隆地开到了洛阳城北的邙山脚下。一时间，大批的古墓被掘开，当时人们的眼光大多专注于青铜器及金银器、玉器等，对于墓中那些带釉的陶器则不曾注意。盗墓者也往往将它们弃于墓中，或者将它们砸得粉碎。他们哪里知道，这些被称作“瓦器”的盆碗俑像之类，竟是后来名扬四海的“唐三彩”。直到著名学者罗振玉（1866—1940年，浙江上虞人）的研究发现，才使唐三彩得到了人们的重视。罗振玉以其独特的眼光看到了这种带釉陶器的收藏价值和艺术价值，不惜重金购下，并作了潜心研究。他在其著名的《古明器图录》一书的“序言”中，对这种带釉的陶器作了专门介绍，并称这是“古明器见于人间之始，是时海内外好古之士尚无知之者”。

唐代宗室的墓葬中时有唐三彩的发现。皇太孙李重润（中宗李显的长子）墓出土的三彩器有三彩马、三彩骑马武士俑、三彩骑马男俑以及三彩碗、杯、盘、砚台等。发现于墓门内的一对三彩马，一匹作嘶鸣状，头部饰有精美的杏叶形饰物；一匹鬃毛剪作“三花”，披饰也很华丽。这两件马俑，都是已发现的唐三彩马俑中难得的精彩之作。

该墓所出的一件骑马狩猎俑，可以称得上是一件艺术杰作，马身骨肉匀称，神态骄扬；骑马武士头扎幞头，腰挎长剑，弯弓搭箭，欲射大雕。尤其令人称奇的是，马身和座板上都有古朴自然的木叶纹，这是绞胎工艺特有的艺术效果。这件作品无论是工艺水平还是艺术效果都达到了无与伦比的地步。墓中出土的两件三彩水滴辟雍足砚台，是比较少见的唐三彩文房用具。砚台中心无釉，是研墨的台面，周围有如辟雍环水的墨池。砚表面施黄白绿三色釉，色彩绚丽。

永泰公主名李仙蕙，字秾辉，是唐高宗和武则天的孙女、唐中宗李显的第七女。大足元年（701年），李仙蕙与驸马武延基、长兄李重润因私议武则天与张易之、张昌宗的暧昧关系，遭二张诬陷，被武则天下令处死。时李仙蕙年仅17岁，正值青春年华。唐中宗夺回帝位以后，于神龙二年（706年）传旨追谥李仙蕙为“永泰公主”，并将李仙蕙与武延基迁于乾陵陪葬，号墓为陵。该墓出土的唐三彩器有170多件，有三彩男女立俑、男女骑俑、马俑以及三彩碗、碟、杯、炉、盒、罐、釜等。该墓出土的一件三彩碗，以清亮的白色为底釉，碗内饰有12道绿色垂带纹，带纹上还装饰有赭色的细线纹；碗的外壁，则分上下两段分别饰疏密相间的细垂条纹。这件器物造型秀美，釉色清澄，为出土的同类唐三彩之冠。永泰公主墓中共出土唐三彩马俑10件。该墓所出的马俑造型生动，其品相历来被人们称道。有的马俑作仰天长啸状，有的作低头觅食状，姿态各异，却又各得其妙。出土的三彩人物俑中，有半数以上骑马，特别是还有女性骑马者，可见当时骑马之风是多么的盛行。

1959年6月下旬，在西安西郊中堡村发现了一座唐墓。这座唐墓虽然仅仅是一座墓室长3.5米、宽2.2米

唐代三彩载乐骆驼俑：中国国家博物馆藏。

三彩天王俑：陕西省历史博物馆藏。天王俑是唐代新出现的殉葬俑，一般成对随葬，多置于墓门两侧，用于避邪和保护墓室安全，确保墓主亡灵平安。三彩天王俑的形象按照传说中的天神塑造，运用夸张的手法，表达了正义必将战胜邪恶的主题。

的土洞墓，但却出土了不少精美绝伦的唐三彩器物。特别是该墓出土的“载乐骆驼俑”和“唐三彩庭院”等明器，成为今天人们所熟知的唐三彩的经典之作。“载乐骆驼俑”是中堡村唐墓所出的最为引人注目的一件唐三彩器。这只骆驼全身为白色，驼背垫有椭圆形的毛毯，毛毯的边沿为绿色。在两个驼峰之间，用夹板架成一个平台，平台上铺长方形的毯子。最为精彩的平台上的一队乐舞俑，由7人组成，6人分别手执笙、排箫、直项琵琶、曲项琵琶、长笛、檀板等演奏乐曲。

1972年9月16日至11月9日，在陕西礼泉县兴隆村一麦场下发现了一座规模很大的唐墓，出土了不少唐三彩等随葬品。墓主是唐太宗第八子越王李贞。这里出土的三彩贴金天王俑，一件高129厘米，天王头戴盔，身披铠甲，甲上有左右护胸及护心镜，两肩有覆膊，内穿箭袖，下身着膝裤，腿上裹有护甲，足踏小鬼，小鬼取坐姿，兽面人身，竖发如火焰；另一件天王俑高121厘米，形象与第一件基本相同，但手中似乎执有兵器。两天王皆性情暴烈，睥睨怒视，一副凶神恶煞的样子。

唐三彩的造型丰富多彩，一般可以分为动物、生活用具和人物三大类，其中以动物居多。它的造型与一般的工艺品的造型不同，就马而言，与其他时代的出土的马也不同。唐马的造型特点，以静为主，静中带动，马的眼部是刻成三角形的，眼睛是圆睁的；马的耳朵是贴着的，它好像在静听或者听到有什么动静一样，通过这样的细部刻画来显示出唐马的内在的精神和韵律。

唐三彩早已通过种种途径走出国门，9世纪时，唐三彩陶器开始向外输出。根据外国考古发掘资料，在不少国家的许多地方已发现了唐三彩的踪迹。较重要的地区如埃及开罗南郊的福斯特、伊拉克巴格达北面的萨马拉和伊朗的内沙布尔等。另外在朝鲜半岛和日本也有大量唐三彩陶器发现，尤其是日本奈良的大安寺遗址，福冈县宗像郡玄海町冲之岛、御坊山古坟和福冈大牢府遗址等发现了唐三彩壶、瓶、罐、枕等不同造型的器物和陶片。一些国家在输入了唐三彩陶器后，仿烧了类似风格的三彩陶器，如伊朗的“波斯三彩”、朝鲜的“新罗三彩”、日本的“奈良三彩”等。这些国家制作的三彩陶器，在风格上与唐三彩陶器各有不同，但从这些陶器上还是可以看到唐三彩的基本风格。

## 名窑

中国是世界著名的陶瓷古国，早在8000年前的新石器时代，我们的祖先就已经制造和使用陶器，瓷器则更是我们中国的发明。瓷器的发明，对人类文明的发展有着十分重要的意义。历史上，中国的瓷器誉冠全球，外国人虽然百般仿效，终究未能超越，因为制瓷是中国得天独厚的工艺。

瓷质的珍贵，首先在于瓷泥。从地质学的角度来说，瓷泥是一种富有黏性的冲积土。这种冲积土并非到处都有。瓷泥又分种种的颜色，有紫色、黄色、白色、褐色，其中尤以白色为贵。中国古代的制瓷，可以分为三个时期：宋元、明、清。其中宋瓷又有五大名窑：柴窑、汝窑、官窑、哥窑和定窑。五窑之外，又有均窑，也很可贵。其余各窑，统称小窑，其中也有名著一时的。

瓷器的发明，自晋朝以后开始见于记载。经过南北朝、隋唐，逐渐趋于兴盛。唐代以越窑著称。唐人的瓷器，世上流传甚少。

瓷器着彩的发明非常久远，陆羽的《茶经》上说，瓯越器青，寿州瓷色黄，洪州瓷色褐。又说到茶碗，越州为上，越瓷如玉似冰，邢瓷类银类雪。唐代的瓷器已有青、黄、褐、白各种颜色。现在的人看宋瓷制作古朴，颜色也简单，就以为形式古朴的就年代久远。哪里知道，唐代的瓷器已是力求华美。

以浅深不同的青色交错一起，叫做“青花”；本色的基础上绘以五色，叫做“五彩”；绘三色的，叫做“三彩”；彩底上附以彩花，叫做“夹彩”；里面绘上花纹，外面填上色釉或锦文的叫“开花”；黑白底而绘以绿、黄、紫三色的叫做“素三彩”；里外都有彩的叫“两面彩”。

至于瓷器而有花，也有悠久的历史。到宋代的时候已经非常精美。宋瓷绘花之精美，莫如粉定，穷极妍丽，几于鬼斧神工。哥窑也有加彩色的。元瓷有暗花的。可见瓷之有花，早已滥觞于前。至于明代的瓷器，

## 柴荣

后周世宗柴荣（921—959年），五代时期后周皇帝，邢州尧山（今河北邢台隆尧）柴家庄人。柴荣是后周太祖郭威的内侄和养子，又名郭荣。继位后复本姓。柴荣在位期间政治清明、百姓富庶，南征北战，夺取了大量的土地，中原开始复苏。

宋代定窑黑釉碗：山东省淄博市中国陶瓷馆藏。定窑黑瓷的特点是胎白体薄，釉黑如漆，光可鉴人。黑定因烧制难度较高，黑釉呈色尚不稳定，烧造时常常会出现“窑变”现象，有的釉面产生黄褐色或银白色的斑点，有的出现较为均匀的“油滴”或“兔毫”，视为珍品；而出现黑不黑、褐非褐的颜色，则为次品。

更是各种花绘，精彩纷呈。可惜宫廷的珍品，很少流入人间。瓷器上的花，有平雕，有凸雕，有凹雕。平雕又叫“暗花”，凸雕又叫“法花”，凹雕叫做“划花”。宋代的瓷器，虽然制作极精，莹润无比，但宋人以平淡为美，瓷器也是端重雅洁。下面我们介绍一下宋代的名窑。

柴窑。在河南的郑州，相传是柴世宗所创。当年，有司向柴世宗请示瓷器的器式，柴世宗批示道：“雨过天晴云破处，者般颜色作将来。”《陶录》上说柴窑青如天，明如镜，薄如纸，声如磬。所谓“薄如纸”，指的是釉汁，不是指釉胎。“青如天”的说法，也不能概括柴窑的全体。柴窑固然是以天青色为主，但决非天青一色。据《博物要览》记载，柴窑有虾青、豆青、豆绿等颜色。柴窑的釉中有细纹的开片，见于豆绿色的比较多。没釉的地方，常为土黄色，滋润细媚，十分可爱。《骨董琐记》上说，明代宁国大长公主所用的一个柴窑瓷杯，酌满酒的时候，酒面上隐隐地显出龙形，喝完酒就不见了。

官窑。北宋大观、政和年间汴京所造。体薄色青，也有带粉红的，浓淡不一，有白色而釉薄如纸的。大观年间，崇尚月白、粉青、大绿三种颜色。有蟹爪文、紫口铁足。所谓“紫口”，是说瓷器的边沿深黄而近紫。所谓“铁足”，是说瓷器的足呈铁的颜色。宋室南渡以后修内司烧造的瓷器叫做“内窑”，亦叫“官窑”。后来在郊坛另立新窑，也叫官窑。

哥窑。宋代处州龙泉县有章氏兄弟，都从事瓷器的生产。哥哥所制造的瓷器名作“哥窑”。哥窑的瓷器，瓷胎质细性坚，多断纹，有大大小小的碎纹，即所谓开片。釉色则以米色、豆绿色居多。有紫口铁足，没有釉的地方，呈红色。釉色厚润纯粹，历千年而如新。后来有仿制的，终难以超越。

定窑。在直隶的定州，所造的瓷器称作“北定”。中心在今河北曲阳涧磁燕山村。据《曲阳县志》载，五代时这里已盛产白瓷，官府曾在此设官收瓷器税；但据调查，早在唐代这里已烧白瓷；至宋代有较大发展，除烧白釉瓷器外，还烧黑釉、酱釉和绿釉等品种，文献称为“黑定”“紫定”和“绿定”。南渡以后，在景德镇所制造的叫“南定”。其釉色像粉一样，所以通称粉定。北定胎质极薄，非常轻，有光素、凸花、划花、印花、暗花等种类。大抵有花的多，花有牡丹、萱草、飞凤、蟠螭等形状。是古瓷中最精丽的上品。南定的胎质极细，颜色极白，白玻璃釉，澄清的地方，有点豆绿色。釉中有鼓花的，有不鼓花的。形式和北定相似，而胎釉有微细的差异。凡是真粉定，其釉光亮而滋润，和象牙一样。釉中有柳文的开片，和伪造的开片不同。伪造的釉或是颜色混杂，或是太干，或是太透亮，或是太暗淡，不像真的润亮。

汝窑。经过考古工作者的努力，终于确定汝窑的窑址就在河南宝丰县大营镇的清凉寺村。汝窑的品种比较丰富。胎体薄，细腻而成香灰色。造型上非常有气魄，雄浑饱满。釉层为卵青色。釉层和胎体结合，光泽莹润，略显粉红色。汝窑的釉层比较厚，多为素瓷，一般不作花纹。釉面有冰裂纹，俗称蟹爪纹、苍蝇翅。汝窑的工匠对还原火焰的控制非常成功，配釉极精，用放大镜可以看到晶莹的玛瑙粒。汝窑中的精品常常作为贡品，专门供宫廷使用。南宋的周煇在其《清波杂志》中说，汝窑“内有玛瑙末为釉，唯供御拣退，方许出卖，近尤难得”。

北宋汝窑大梅瓶：河南宝丰清凉寺遗址出土。

均窑。宋初禹州所造。禹州昔号钧台，“钧”讹作“均”，习惯俗成，相沿已久。境内有窑址近100处，以小白峪历史最早。均窑创烧于唐代，经历宋金至元代。唐代已烧黑釉带斑点器物，时称“花瓷”，对宋代紫红斑点装饰有直接影响。宋代首创釉中加入适当铜金属，烧成玫瑰紫、海棠红等紫红色釉，美如晚霞。均窑瓷胎质细性坚，略重，釉具五色，浑厚浓润，有兔丝文，红若胭脂，青若葱绿，紫墨者次之。开始制作的时候，颜色纯粹无杂色。后来有青紫夹杂的，这是因为烧制时温度不够或是时间不足的原因。但后人往往更看重杂色的。其釉分两种，一种叫细平釉，一种叫橘皮釉。均窑釉厚而且润，像蜡泪堆积，釉中有蟹爪文，没

均窑猫头鹰酒杯：上海博物馆藏。

有釉的地方呈羊肝色，或是芝麻酱色。

均窑和元瓷很相似。但均窑釉厚而均，元瓷釉厚而垂。元瓷的胎釉比较粗。均瓷的名贵在于它有百看不厌的艺术魅力，其釉色是自然形成而非人工描绘，每一件均瓷的釉色都是唯一的，正所谓“钧瓷无双，窑变无对”，具有极高的鉴赏、收藏价值，而成为豪门巨贾和鉴赏收藏家们争相收购和馈赠贵宾的高档礼品。自宋徽宗起被历代帝王钦定为御用珍品，入主宫廷，只准皇家所有，不准民间私藏。在宋代就享有“黄金有价钧无价”“纵有家产万贯，不如钧瓷一件”之盛誉。据查初白《人海记》说，明代嘉靖年间，大内牡丹盛开，皇帝想找一个漂亮的瓷瓶来装花。恰好江阴有个老百姓家藏一个均州瓶，高数尺，要价十金。大家都笑他要价太高。忽有内臣买进，皇帝看了，十分喜欢，问内臣多少钱买来的，内臣回答说二百金。皇帝说，可以侃侃价，先回价一百，不行的话，再加五十。

龙泉窑。在今浙江龙泉，以此得名。浙江龙泉青瓷源出北宋早期。宋室南迁后，士大夫云集临安（今杭州），出现了偏安的表面繁荣。为了满足上自达官贵人，下至庶民的需要，龙泉瓷工吸取了历代名窑的优秀传统技艺，烧制出精致优雅的瓷器，把青瓷生产推向一个全盛时期。那时瓯江两岸群窑林立，烟火相望，江上运瓷船舶往来如梭，单是目前发现的古窑遗址就有200余处。南宋是龙泉窑的全盛时期，瓷窑数量成倍增长，胎质洁白，质量显著提高；生产白胎青瓷的同时，还为南宋宫廷烧造仿官窑的黑胎器物，在金村、溪口等窑址都有这类仿官标本出土。元代在烧大件器物上取得很大成绩，近三尺的大盘与大瓶，烧成以后盘心坦平，瓶身不偏不倚，极其难得。除了供应全国各地外，还大量行销海外，在日本、菲律宾、马来西亚、巴基斯坦、印度、埃及等国的古港口及遗址都有龙泉窑瓷器出土。1976年南朝鲜新安海底发现一艘中国元代沉船，打捞出元代瓷器17000余件，其中龙泉窑瓷器达9000余件。不能判明窑口者2000余件。明代前期龙泉窑的产量仍很大，中期后逐渐趋于衰落。

## 清瓷

清代的瓷器业很发达，题材极广泛，有民间传说的“水漫金山”，有八仙过海，有十二生肖、仙女乘槎、十八罗汉、十八学士，有龙凤图、耕织图，有翠竹碧桃、花鸟虫鱼、百鸟归巢，有琴棋书画，有《封神演义》中的千里眼、顺风耳。清代几位开国的皇帝都很喜欢瓷器，他们常常过问景德镇御窑的生产。他们将宫廷里收藏的历代名瓷取出来参考，宫中的画师也常常来参与花纹的设计。皇帝还派官吏去监督官窑的生产。顺治二年（1645年），把官窑的生产转交给民窑，促进了技术的竞争，促进了瓷业的发展。

有一件“清顺治青花山水图筒瓶”高44.4厘米，口径12厘米。撇口，短颈，长直筒身，平底无釉。又名“天下一统瓶”，为顺治青花典型器物。此瓶腹部饰山水图，上题一绝：“洞口春晴花正开，看花人去几时回？殷勤寄语武陵客，莫引世上相逐来。”所绘为《桃花源图》，并有“癸巳秋日写为西畴书院”年款题记。“癸巳”为顺治十年（1653年），是顺治青花瓷中一件重要的断代标准器。

康熙、乾隆年间的青花瓷器很有名。用的是国产的钴料，提炼得很纯。青翠亮艳，清新明快，画面层次分明，气魄宏大。题材很广，山水画、人物画、花鸟画，应有尽有。

有一件“清康熙青花人物将军罐”，通高57厘米。绘两位骑马的士人与楼头的女子告别，一人摇鞭将行，犹回首恋恋。背景衬以袅袅垂柳，更渲染出依依惜别的氛围。此罐器形硕大，端庄稳重，绘图细腻生动，为康熙民窑青花上乘之作。

再有“清雍正青花云龙瓶”，高57厘米，口径18.5厘米。撇口，长颈，鼓腹，圈足外撇。为雍正常见器形。腹绘行龙两条，首尾相逐。胎质细腻，釉色莹润，青花发色蓝中泛紫，系仿明代嘉靖官窑青花色泽。

康熙年间釉里红云龙瓶：北京故宫博物院藏。

底书“大清雍正年制”楷款。

又有“清乾隆青花柿蒂形开光将军罐”，通高56厘米，口径19厘米，宝珠顶，颈部饰三角形条纹。盖面及肩下饰柿蒂形开光蓝地白花，胫部饰束莲纹。整器蓝地白花与白地青花相交错，装饰效果鲜明。加以器形硕大端庄，绘笔工整严谨，为乾隆民窑青花上品。

康熙时期生产的五彩瓷器亦为人称道。造型多姿多彩，规格品种远远超过明代。红、绿、紫、赭之外，又有金彩、蓝彩、黑彩。画得很精细，场面宏大。瓷器是立体，在上面画画，比纸上画画要困难一些，但画家出奇制胜，精心布局，造成意想不到的艺术效果。有的在瓷器上画出岳飞抗金、周处斩蛟的历史故事。

雍正、乾隆年间的粉彩瓷器也享有盛名。粉彩是釉上彩，又称软彩，在技术上引进了西方的工艺，在含铅的玻璃质中掺入了砷元素，发明了“玻璃白”。采用天然矿物质“白信石”和铅熔块、硝酸钾配制而成，从而组成一系列的色调，品种大增，色彩柔和，上面画出来的花鸟，形态非常逼真。

雍正以后，利用进口的珐琅彩料制成珐琅彩的瓷器。以石英、长石为原料，加入纯碱、硼砂和多种金属氧化物、氟化物，烧炼而成。一般是先由景德镇的御窑烧出非常洁白的白瓷，再由宫廷的画师上面画画。有时候还特意聘请西洋画师来画。这些瓷器的绘画上，既有中国风味的神童、仙女，又有西洋风味的天使、圣婴。

乾隆时期发明了很多制瓷的新工艺。工匠们很会掌握火候，控制胎釉的性能，用制瓷的原料制成仿竹器、木器、铜器，真所谓惟妙惟肖、巧夺天工。

# 第三章　青铜器

# 青铜器

## 鼎

鼎是我国青铜文化的代表。鼎在古代被视为立国重器，是国家和权力的象征。提起鼎，人们首先想到的是政权和社稷，鼎可以说是中华文化的一种象征，具有极其崇高的意义。鼎盛行于商周时期，延续到汉代。在奴隶制鼎盛时代，被用作“别上下，明贵贱”标明身份等级的重要礼器。鼎又是旌功记绩的礼器。周代的国君或王公大臣在重大庆典或接受赏赐时都要铸鼎，以旌表功绩，记载盛况，后来就成为一个传统。

许慎在《说文解字》里说：“鼎，三足两耳，和五味之宝器也。”有三足圆鼎，也有四足方鼎。最早的鼎是黏土烧制的陶鼎，后来又有了用青铜铸造的铜鼎。鼎被赋予神圣的色彩，起源于禹铸九鼎的传说。传说夏禹曾收九牧之金铸九鼎于荆山之下，以象征九州，并在上面镌刻魑魅魍魉的图形，让人们警惕，防止被其伤害。九鼎铸成以后，就安放在夏朝的国都。自从有了禹铸九鼎的传说，鼎就从一般的炊器而提升为传国重器，带有象征的意义。历商至周，都把定都或建立王朝称为“定鼎”。国灭则鼎迁，夏朝灭，商朝兴，九鼎迁于商都亳京；商朝灭，周朝兴，九鼎又迁于周都镐京。汉景帝、汉武帝、三国时期三国的君主都有铸鼎的记载。

鼎是文明的见证，也是文化的载体。根据禹铸九鼎的传说，可以推想，我国远在4000多年前就有了青铜的冶炼和铸造技术；从地下发掘的商代大铜鼎，确凿证明我国商代已是高度发达的青铜时代。“司母戊”大方鼎就是商代晚期的青铜鼎，清代出土的大盂鼎、大克鼎、毛公鼎和颂鼎等都是西周时期的著名青铜器。鼎和其他青铜器上的铭文记载了商周时代的典章制度和册封、祭祀、征伐等史实，而且把西周时期的大篆文字传给了后世，形成了具有很高审美价值的金文书法艺术，鼎也因此更加的身价不凡，成为比其他青铜器更为重要的历史文物。

## 后母戊鼎

世界上最大的青铜器是后母戊鼎，因腹内壁铸有“后母戊”三字而得名。后母戊鼎是1939年3月在河南安阳武官村北的农田里发现的，现藏中国国家博物馆。

后母戊鼎，重832.84公斤，高133厘米，口长110厘米，宽78厘米，足高46厘米，壁厚6厘米。立耳、方腹、四足中空。除鼎身四面中央是无纹饰的长方形素面外，其余各处皆有饰纹。在细密的云雷纹之上，各部分纹饰各具形态。鼎身四面在方形素面周围以饕餮作为主要纹饰，四面交接处，则饰以扉棱，扉棱之上为牛首，下为饕餮。鼎耳外廓有两只猛虎噬人首纹。耳侧以鱼纹为饰。四只鼎足的纹饰也匠心独具，在三道弦纹之上各饰以兽面。鼎腹内壁铸有铭文“后母戊”，是商王为祭祀他的母亲戊而铸造的。后母戊鼎是我国殷代青铜器的代表作，其造型、纹饰、工艺均达到极高水平，是商代青铜文化顶峰时期的代表作。从光谱分析的结果来看，其合金成分为：铜84.77%，锡11.44%，铅2.76%，其他0.9%，和殷代一般青铜器的成分基本相同。从铸痕观察，后母戊鼎是用20块陶范铸成的。除双耳是先铸成后再嵌入鼎范外，鼎身其余部分都是一次浑铸而成，这本身就是一个奇迹，标志着商代青铜器铸造技艺已达到相当高的水平。

殷墟后母戊鼎：该鼎被认为是青铜时代第一鼎。河南安阳出土。

西周毛公鼎：清道光末年陕西省岐山县出土。现存台北故宫博物院。

## 毛公鼎

毛公鼎是中国2800多年前的一件宗庙祭器。是西周晚期宣王时的一件重器，是金文的经典名作。毛公鼎因作者毛公而得名，铭文铸在鼎上，有32行，它的内壁铸有500个字的长铭，是现存商周两代7000多件有铭文的铜器中，铭文最长的一件。铭文首先追述周代国君君主文王、武王的丰功伟绩，感叹现时的不安宁，接着叙述宣王诏命毛公，委任他管理内外事务，拥有宣布王命的大权。宣王一再教导毛公要勤政爱民，修身养德，并赐给他以一些器物以示鼓励。毛公将此事铸于鼎上，以资纪念和流传后世。铭文是一篇西周的真实史料，是研究西周史珍贵的文献，因此毛公鼎可称是瑰宝重器。

毛公鼎器形作大口，半球状深腹，兽蹄形足，口沿上树立形制高大的双耳，浑厚而凝重，整个器表装饰十分整洁，显得素朴典雅，洋溢着一股清新庄重的气息，反映了西周晚期文化思想的变革。除了史料的价值外，毛公鼎在中国古文字学与书法艺术上也具有举足轻重的地位。



## 越王之剑

春秋晚期越王勾践剑：湖北江陵望山1号墓出土。湖北省博物馆藏。

湖北是一个文物大省，这里出土的文物非常多，品位也很高。仅60年代在江陵地区就发现了50多座楚墓，并对其中的8座进行了发掘清理，包括沙冢1—4号墓和望山1—4号墓。从这些楚墓中出土了大量的文物，其中又以青铜制作的兵器数量最多。这些兵器以剑为主。处于长江流域的吴国和越国拥有当时最著名的铸剑工匠。吴越制造的青铜剑在诸侯国中间享有盛名。

沙冢、望山楚墓的发现，是在湖北境内对楚墓进行的首次较大规模的发掘。这次发掘最令人振奋的收获是出土了一把越王勾践的宝剑。越王勾践的宝剑装在黑色的漆木剑盒内，制作非常精美，剑身长55.7厘米，柄长8.4厘米，剑宽4.6厘米，剑首外翻卷成圆箍形，铸有间隔仅有0.2毫米的11道同心圆，剑身上布满了规则的黑色菱形暗格花纹，剑格正面镶有蓝色的玻璃，背面镶有绿松石。最不可思议的是，在地下沉睡了2000多年后，剑身依然闪烁着炫目的青光，寒气逼人，没有一丝锈蚀的痕迹。据说当时有人伸手去拿剑，手指刚一碰到剑刃，殷红的鲜血顿时流了出来，宝剑的锋利程度，不言而喻。根据墓内的竹简考证，墓主人应为邵固，是楚威王或楚怀王前期的大贵族，看来，他似乎就是这件稀世之宝的主人。出土的古剑一般选择在剑格也就是剑身和剑柄之间的椭圆部分镂刻剑主人的名字，在靠近剑格的地方，考古人员发现了两行鸟篆铭文，共8个字。这种古文字，史称“鸟虫文”，是篆书的变体，常有像虫像鸟之笔，或构成该字本身的笔画，或以之为装饰，很难解读。这把宝剑最早的主人是谁？经过郭沫若、于省吾、唐兰、容庚、徐中舒、夏鼐、陈梦家、胡厚宣、方壮猷、苏秉琦等国内一流的专家学者们的热烈讨论，最后意见趋于一致，剑上的八字铭文为“越王勾践自作用剑”。

越王勾践的青铜剑，不仅铸造精工、花纹秀美，而且深埋于地下几千年而不锈，仍保持着耀眼的光泽，其中的原因确实耐人寻味。为了解开越王剑千古不锈之谜，早在1977年12月，上海复旦大学静电加速器实验室的专家们与中国科学院上海原子核研究所活化分析组及北京钢铁学院《中国冶金史》编写组的学者们一道，采用质子X荧光非真空分析法对越王勾践剑进行了无损科学检测，他们发现越王勾践剑的主要成分是铜、锡以及少量的铝、铁、镍、硫组成的青铜合金，剑身的黑色菱形花纹是经过硫化处理的。剑的各个部位作用不同，铜和锡的比例也不一样。剑脊含铜较多，能使剑韧性好，不易折断；而剑刃部含锡高，硬度大，使剑锋利无比。剑身菱形花纹处含硫高，硫化铜可以防止锈蚀，以保持花纹的艳丽。20世纪90年代，上海博物馆的谭德锐研究员也开始对越王勾践剑的菱形花纹进行研究，通过对菱形花纹的成分、结构等进行分析测试，终于从剑身表面0.01毫米厚度的金属表层发现了化学处理痕迹，谭德锐研究员据此推断，古人是通过腐蚀的化学手段得到了剑身菱形花纹。

勾践剑剑刃及剑身的成分表明含锡为16%～17%，这是铸造锡青铜强度最高的成分，并保持有一定的延伸率。越王勾践剑和同墓出土的菱纹剑都使用了合理的含锡成分，反映了吴越铸剑高超的技术水平。

## 编钟

1979年的金秋时节，天安门广场东侧的中国历史博物馆二楼的大厅中举办了《湖北随县曾侯乙墓出土文物展览》。大厅里可以听到世界名曲贝多芬第九交响乐《欢乐颂》的优美旋律，一会儿清脆明亮，一会儿深沉浑厚。它既不是钢琴的弹奏，也不是提琴的弦响，更不是铜管的鸣号。令人意想不到的是，这一旋律发自历经

2000多年的巨型青铜打击乐器——曾侯乙编钟。曾侯乙墓编钟现藏湖北省博物馆。

曾侯乙墓位于湖北随州西郊的擂鼓墩。这是战国早期的一座特大型的墓葬，距今2400多年。随州，历史上曾存在过一个不为人注意的小国——曾国。由于它太小，因此史籍没有留下关于它的片言只字。曾侯乙墓的发现，使曾国引起了世人的广泛注意。



曾侯墓出土文物的精美和奇特程度，为国内外所罕见，并震动了世界。异常难得的是，所有的随葬器物均保存完整。青铜器宛如刚刚下葬一般，漆木器也都鲜艳如新，竹简字迹清楚。各种随葬物品有15000件之多，种类有青铜、竹木、石、漆、皮革和丝麻等。其中青铜器的总重量达10吨左右，为历年来出土铜器所罕见的数量。最精彩的是，该墓所出乐器种类之多，数量之巨，保存之完好，可称天下之冠。配套完整的编钟、编磬，以及其他各类乐器120多件。其中的琴、排箫和健鼓在国内是首次发现。篪在中国同类乐器出土文物中是年代最早的。

在出土的一些铜器上刻有"曾侯乙"之类的铭文，说明了曾侯乙就是墓的主人。从铭文里得知，曾侯乙下葬于楚惠王五十六年（公元前433年）。椁室分东、北、中、西四室。主棺在东室，分内外两层，棺外先涂黑漆，然后再绘以朱、金黄色的花纹。墓主为男性，年龄大概在45岁左右，用多层的丝织品裹着，周围放了300多件金器、玉器、骨器。墓内有21具殉葬的女性骨骸，年龄约13至25岁之间。东室的乐器可以组成一个小型的丝竹乐队。中室的西、南两面是编钟，北侧是编磬。钟磬之间摆放着琴笙等各色乐器。北室内摆满了兵器和车马器，有成捆的箭镞、长兵器、甲胄、车华盖等。另有一对大铜缶，各重300多公斤。墓里有很多铜制礼器，大约有140多件。最出奇的是一个尊盘，口沿上那些细腻的镂空附件，玲珑剔透而又节奏分明，是用失蜡法铸造的。失蜡法是当时一种先进的工艺。是用蜡模代替泥模，模外作范，蜡遇热熔化，器物也就铸出来

青铜尊盘：湖北随县曾侯乙墓出土。

了。用失蜡法做出来的器物，可塑性和光洁度比较好，收缩性小，可以省去阴干、焙烧等一系列工艺，可以克服泥模遇到复杂器物无法脱模的困难。尊和盘是两件东西，放在一起又浑然一体，造型端庄优美，纹饰精巧绝伦。

曾侯乙编钟：湖北省博物馆藏。

曾侯乙墓中最惊人的发现是编钟。钟是古代的一种乐器，并且是中国古代众乐之首。在古代宫廷中，钟更占主导地位。编钟是中国具有悠久历史的打击乐器，青铜铸，它是依大小和音高为序的乐钟，编组悬挂在钟架上，演奏时以小槌或木棒敲打而鸣，音色清脆洪亮，幽静而柔美。曾侯乙编钟有64枚，另有楚惠王赠的钟1枚，共计65枚，编成8组，总重达2.5吨。出土时悬挂在三层铜木结构的曲尺形钟架上，由6个佩剑的青铜武士和几根圆柱承托。这套编钟，历经2000多年，出土时依然矗立如故。全部编钟有碎龙交错的浮雕花纹，大钟还错嵌红铜。每件钟上都有关于乐律的铭文，总字数达2800字左右。铭文中有春秋战国之际楚、晋、齐、申、周等国的音律和曾国的音律之间对应关系的说明。反映出当时各诸侯国之间音乐的交流。此外，出土时有两件粗大的撞钟棒依架而立，6件“T”字形钟槌在铜架附近，说明这些棒槌是和编钟配套使用的工具。编磬为古代敲击乐器，磬由玉石、青石或石灰石琢制而成，悬挂于架上，敲击之发声。曾侯乙编磬全套共32件，分列四组，磬架铜质，由两只鹤状怪禽支撑，上下两层分别悬挂石磬。磬面刻有文字，残存约六七百字，内容与编钟相近，均为音律、音阶的名称和编号。由于编磬长期浸于水中，石质溶蚀朽坏，目前已不能测音。按照编钟上的乐律铭文和实测证明，每件铜钟都能敲击出两个乐音，两音间多呈三度和谐音程。整套编钟的音阶结构与现今国际上通用的C大调七声音阶属同一音列。它的音域宽广，从最低音到最高音，跨越了5个八度，仅比现代钢琴的两端各少一个八度，其中心音域，12个半音齐备，可以旋宫转调。经过试奏，下层的大钟，声音低沉浑厚，音量大，余音长，一经击发，声震殿堂；中层较大的钟，声音圆润明亮，音量较大，余音较长，一经鸣奏，音绕栋梁；中层较小的钟，声音清脆嘹亮，音量较小，余音较短；上层钮钟声音透明纯净，音量较小，余音稍长。演奏效果表明，它的和声、复调和转调手法的运用已相当成熟，且音色优美，悦耳动听，从而推翻了“中国的七声音阶从欧洲传来”的传统说法，极大地丰富了我们对先秦乐律学的认识。这套编钟是目前世界上所仅见的保留着原有音响的特大型定音古乐器，也是目前所知世界上保存下来的最早具有12个半音的乐器。

这套编钟在演奏的时候需要用5个人，其中3人手持6个木槌分别敲击上中层的3组小、中型铜钟，其余的2人站立左右，分别用木撞棒撞击下层的大铜钟。

1979年，中国科学院自然科学史研究所和铸造界的一些专家们，提出复制编钟的想法，经过几个单位多学科通力合作，历经5年，1984年8月终于将曾侯乙墓整套编钟复制出来了。之后，又将墓中124件乐器全部进行了复制，复制出来的乐器达到了“形似声似”的复制要求。

曾侯乙墓中除编钟之外，一件具有28宿星名的髹漆衣箱也具有非同寻常的价值和意义。漆器衣箱的盖上，一端绘着青龙，一端绘着白虎，中间一个很大的篆文“斗”字。环绕“斗”字，用篆文书写出二十八宿的全部名称，其排列顺序和后来习惯的名称基本相同。这是迄今所发现的二十八宿全部名称的最早的记录。这一发现使已经定稿的《中国大百科全书·天文卷》不得不修改，加进这一内容。这一发现在我国乃至世界的天文史上都具有重大的意义。“宿”就是过宿的意思。二十八宿标志着月亮每天的位置。一月换27或28个地方，所以叫二十八宿。二十八宿体系的出现，对于日月以及水星、金星、火星、木星和土星运行周期和运行轨道的测定，对历法的编制、恒星的观测、天区的划分，乃至农业生产的安排，都具有十分重要的意义。

编钟舞乐表演：编钟舞乐是根据出土的编钟、编磬、埙、笙、排箫、筝等乐器编排的宫廷雅乐。它以编钟为主的古乐器作为演奏和伴奏乐器，重现了2000多年前的楚国风情。画面表现的是身着古代楚国服饰的女子广袖飞舞，舒卷自如，如同月中嫦娥，飘飘欲仙。

# 铜车马

1980年12月，考古人员在秦陵墓冢西侧的一个陪葬坑内发现了铜车马。这组铜车马共有两乘，由近7000个零部件组成，出土时虽然被砸得破烂不堪，但经过两年多的精心修复，已恢复原貌。这两乘车是按当时实用车的二分之一比例缩小制作的。秦陵铜车马坑是秦始皇陵众多陪葬坑中的一个，它位于陵园内城与宫城之间，居于地宫神道一侧，应是秦始皇御用车库的象征。从出土位置和造型装饰的统一性、功用上来看，两乘铜车马应是一组配套的车辆：立车在前，起先导和警卫的作用；安车在后，是主车。

前面的铜车马（1号）称作高车，或叫立车、戎车。全重1061公斤，全长2.57米，地面至伞顶高1.68米。车厢前边和左右都有车栏，车门在厢后。车厢前有铜弩一件，还有装铜镞的铜盒。车舆左角的长方形箭箙中装有弩矢，车的右角内有一个盾袋，装有一面铜盾，是迄今为止发现的时代最早、形状最为完整的铜盾，形似兽面，四周彩绘着几何纹，中间绘变形龙纹，鲜艳夺目。车箱中立一圆形铜伞，伞杠上有错金银纹饰。伞下站立一名高0.91米的铜御官俑，头戴鹖冠，穿长襦，佩长剑，站在车中，双手驾驭。车前驷马，奋蹄欲奔。

后面的铜车（2号）称作安车，也叫辒辌车。安车就是坐乘的车。2号铜车马是秦宫廷乘车的仿制品，长3.17米，高1.06米，重1241公斤。铜车车厢分前后两室，中间用窗隔开。它也是单辕驷马，但是长方形的车舆比较宽大，人可躺卧，舆底有斜方格的皮条编织纹，估计是以皮的编织物作为舆底，借助其弹性以减少颠簸之苦。车厢上有穹窿似的椭圆形盖子，后厢周有厢板，两边有窗，车门在厢后。车门上的活铰和曲柄活栓，直到今天依然在使用，可见当时工艺水平的高超和古代劳动人民的智慧。在穹式椭圆形的车盖和车厢四壁，绘制着色彩鲜艳的变形龙凤卷云纹和丝缕交错的云气纹图案。车盖由支撑的铜骨架和椭圆形的铜片组成，罩住车的前后两室。窗板可以随意地自由开启，便于主人与驭手互通信息。两侧窗可以前后推拉，窗板亦是镂空菱形纹，从室内可以观察到车外的情况，但外面的人难以看清车内。车舆前室，坐着一尊铜驭官，青铜驭官俑头戴鹖冠，身穿战袍，双手前伸，握六辔，在前厢中坐着驾车。他的腰间有一条铜带，带上系着一把青铜剑。铜驭官高0.51米，重52公斤。面带微笑，恭敬的神态中又流露出一丝得意。挽车的4匹铜马膘肥体壮，半戴金银笼头，马齿紧咬镝衔，马胸前还有铜丝做的璎珞。2号车通体彩绘，以蓝、绿、白为主，其中又以白色为最多。秦居西方，白色是西方之色，所以安车以白色为主色。颜色全是平涂，未见晕染。纹样预先用墨线勾出样稿，然后填色，再用墨线勾出轮廓。譬如车门内侧的花纹，两次墨线勾勒的痕迹清晰可见。车舆下层的图案，线条突起，有浮雕的效果。

这两乘铜车马一前一后，合为一组。两车长达5米多，宽近2米。这样大的青铜器，在国内外都很少见到。车、马全用青铜制成，表现出铸造、焊接、镶嵌，以及子母扣、开合口等机械制造连接技术的综合运用。马络头是用金管、银管套接的，至今灵活如初。铜车的表面采用彩绘的方法，在车舆的四周、车盖、伞盖上，用朱红、橘红、蓝、天蓝、绿、白等颜料，堆绘成夔纹、流云纹、方格纹、菱形花纹图案，色彩艳丽，具有浅浮雕的效果。两尊铜驭官一立一坐，双手执辔，专注而肃顺。

秦代铜车马：现存于陕西西安秦始皇兵马俑博物馆。

这组铜车马是20世纪考古发现的最大的青铜器，形体之大，堪称“青铜之冠”。其设计制作也与现代工程结构有着惊人的相似，大大超出人们的想象。

## 铜镜

中国开始用青铜铸造镜子，大约在春秋战国时代。多数镜子的背面都有精美的装饰图案。一类是浅浮雕的、高浮雕的、透空雕的，镜身厚实。一类是镜身极薄，边缘上卷，图案的花纹分两层处理，在精细的底纹上再加各种主题浅浮雕。楚墓中常见陪葬的镜子，制作精美，在地下埋藏了2000多年，依然黑光如漆，可以照人。据《淮南子·修务训》说，是用“玄锡”作反光的涂料，再用细毛呢擦拭的结果。青铜镜的发明，虽然不一定出自楚国，但楚国铸镜工人对铸镜技术的贡献却是毫无疑问。

秦汉以后，铜镜制作有很大的发展。汉代政府设专官管理铜镜的制作，长安、洛阳、广陵等大城市，铸镜已成为专门的手工业。有铸镜的名家，铸造各式镜子，当作高级的工艺品，罗列市场出售，还远销西域各国。在日本出土的汉镜证明了当时中日之间的文化交流。

汉镜的装饰由纽座的放射式到轴对称，由平面到浮雕，边缘更为复杂，而铭文已成为整个纹饰的重要组成部分。做工精良，纹饰优美，为中国古代工艺美术的珍品。据说西汉有一种透光镜，将镜面映日，然后投射在墙壁上，可以把镜背的文字、花纹全部映入影内，故也称“魔镜”。这种“透光镜”，始见于西汉，工艺早就失传。

隋唐时期铜镜制作工艺达到了高峰，铜镜的制作特别兴盛，种类繁多、纹饰精美、做工细致。唐代的镜子，色调鲜明，健康活泼，体现出一种青春的气息。镜身厚实，从合金的比例来看，银锡成分增加，因此颜色净白如银。唐代很开放，从镜子也可以看出中外文化融合的痕迹。譬如像骑士玩波罗球镜、黑昆仑舞镜、麒麟狮子镜等等。唐镜上反映出道教的兴盛，有海上三神山镜、王子晋吹笙引凤镜、仙真乘龙镜等等。八月五日是唐玄宗的生日，定名叫“千秋节”。照当时的风俗，这一天全国都铸造镜子，当作礼物送人，庆祝长寿。

唐代螺钿花鸟人物纹铜镜：河南洛阳出土，中国国家博物馆藏。

唐代的镜子在造型上突破了传统的束缚，创造出各种花式镜，有菱花式、葵花式及有柄手镜等新的镜式。如瑞兽葡萄镜、月宫镜等，具有很高的艺术价值。明清时期玻璃镜开始流行，取代了铜镜。

古铜镜背面的花纹丰富多彩。战国、两汉为鼎盛时期，还有把神话故事刻画在铜镜背面的，汉镜出现西王母、东王公、忠臣伍子胥，唐镜出现嫦娥奔月、孔夫子问荣启期等图景。最高档的要算特种加工的铜镜，有涂朱彩绘镜、鎏金镜、漆背加彩画镜、金银平脱镜、螺钿镜、彩漆绘嵌琉璃镜。这些镜造价昂贵，不是一般百姓所能买得起的。

铜镜背有铭文的也很多。唐镜上常有精致的铭文。清代的收藏家曹君直藏有唐代菱花镜，镜背铭文作“照日菱花出，临池满月生。官看巾帽整，妾映点妆成”。映日发光，影如菱花，映水发光，影如圆月，堪称镜中之宝。又清代唐松泉藏六朝海马镜，镜背铭文是“赏得秦皇镜，判不惜千金。非关欲照胆，持是了明心”。这个镜铭是有典故可循的。葛洪所著《西京杂记》载，秦统一天下，建阿房宫，广搜奇珍异宝聚于宫内，其中一方具有特异功能的大型铜镜是宅中之宝。镜中照人呈倒立状，若以手扪心照镜，可见人的五脏，若心怀歹念，照镜可见胆张心动。于是秦始皇把这面镜子挂得高高的，命近侍们照镜，发现有胆张心动者即严加惩处，故称“秦镜高悬”。在戏剧舞台上出现有“明镜高悬”的大匾，是清官如镜的意思。“明镜高悬”源于“秦镜高悬”，但“秦镜高悬”却很少有人知晓了。

刻西夏文铜镜：西夏文铜镜目前极为罕见，异常珍贵。宁夏回族自治区博物馆藏。

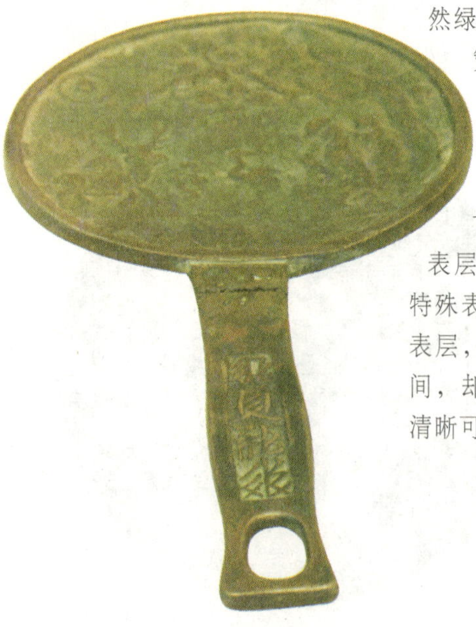

有些铜镜，如“昭明”古镜，经历千年，镜面依然绿光莹然，可以照脸，上面的纹饰不管是简洁还是繁复，造型都生动有趣，线条曲折流畅。古人的情趣和才智，在这些铜镜中可见一斑。

我国古铜镜千年不锈成了考古界的一个谜，引起历代学者的兴趣，现在经研究发现，古铜镜的表层非常特殊，千年不锈的奥秘就在这表层上面。现在见到的许多古代铜镜表面都有一个特殊表层，它们紧密地贴在铜镜表面，正是这个特殊表层，使得许多古铜镜虽然在地下埋藏了一两千年时间，却至今依然没有一点儿绿锈，镜上的花饰、铭文清晰可见，有的甚至隐约可见人影。

# 第四章　玉器

完璧归赵

玉玺

金缕玉衣和长信宫灯

大玉海

『一捧雪』玉杯

# 玉器

中国的玉文化，源远流长。根据考古的发现，至少在新石器时代的晚期，我们的祖先就已经懂得利用玉来做简单的工具。玉的自然属性晶莹圆润、璀璨夺目，玉的工艺品精美绝伦、多姿多彩，玉的文化底蕴丰富深厚、博大精深。在夏、商、周时期，新的工具发明以后，玉作为工具的作用逐渐缩小，而玉作为工艺品的贵族化倾向得到越来越明显的发展。

玉的纯洁质地被人们比作君子的品德操守，玉作为礼器被看作吉祥的象征，看作免祸消灾的避邪之物，玉与道教的联系，使玉成为延年益寿的标志，玉的外观又使它成为驻颜美容、青春永驻的药物。人们几乎把人间一切美好的东西都和美玉联系到了一起。

## 完璧归赵

春秋时期，楚国有个人，叫做卞和，他在荆山（今湖北南漳县）看见一只凤凰落在一块青石板上。据说凤凰不落无宝之地，于是，卞和坚信山中必有珍宝。他找啊找，终于在荆山中找到一块玉璞。卞和兴冲冲地将玉璞献给楚厉王。楚厉王召来玉工辨认，玉工说："这哪是什么玉，分明是一块普通的石头。"楚厉王非常生气，下令砍去卞和的左脚，并且把这位胆敢欺骗国君的人从国都驱逐出去。后来，武王继位，卞和心有不甘，怀了一线希望，恭恭敬敬地把玉璞献了上去。这一回的结果几乎就是前次悲剧的重演，卞和又失去了他的右脚。待到楚文王即位，卞和怀里抱着那块玉璞在山下哭了三天三夜，哭得眼睛里流出鲜血。楚文王听说此事以后，感到有点奇怪，便派人去问："你为什么哭得这么伤心？是不是因为你失去了双脚？"卞和叹了口气，回答道："我不是为自己失去双脚而悲伤，而是因为美玉被看作石头，忠贞之士却被蒙以欺君的罪名。是非颠倒，忠奸不分，世道如此，我能不伤心吗？"文王听了，命人剖开那块玉璞，一看，果然是一块晶莹温润、玲珑剔透的美玉！

为了表彰卞和的忠贞，美玉被命名为“和氏之璧”。

这块美玉经历沧桑，400年后，楚威王将它赐给有功之臣相国昭阳。有一次，昭阳取出美玉，请宾客们观赏。谁也没有想到，众人散去以后，和氏璧不翼而飞。从此以后，和氏璧便下落不明。不知什么原因，大家一致认为，张仪是最大的嫌疑犯。可张仪自己却矢口否认。众人又没有确切的证据，于是蜂拥而上，将无辜的张仪痛打一顿。后来张仪在秦国当了丞相，便立即发兵攻打楚国，以报当年之仇。50年后，赵国人缪贤在集市上买到一块玉，令人想不到的是，这块玉居然就是那块下落不明的和氏璧。后来缪贤将和氏璧献给了赵国的惠文王。

战国蓝水晶龙形佩：高6.7厘米，宽5厘米，厚0.5厘米。山东省图书馆《中国古玉精品展》展品。

秦王听说惠文王得到了和氏璧这件稀世之宝，便派人送信给惠文王，说是愿意用秦国的15个城池来换和氏璧。惠文王接到来信以后，就和大将军廉颇商量。君臣非常为难：若是将和氏璧交给秦国，那就是白送，秦国办事从来不讲什么信用。如果不给，那秦国肯定不能善罢甘休，一定会以此作借口，发兵攻打赵国。正当主意未定的时候，缪贤出了个主意，说是他手下的一位舍人蔺相如可以出使秦国完成这个棘手的任务。于是，赵王召见蔺相如，向他讨教。蔺相如说：“秦强赵弱，不给不行。”赵王问：“给了玉不给城怎么办？”蔺相如回答说：“若是赵国不给玉，那么理屈的是赵国；给了玉而不给城，那么理屈的是秦国。”赵王觉得他讲得有道理，又问他：“那么你看，派谁去呢？”蔺相如回答说：“如果大王实在没有人可派，臣子我愿意去走一趟。城归赵国则玉留在秦国，城不给，我一定完璧归赵。”赵王便派蔺相如带了美玉西行赴秦。

蔺相如到了秦国，立即受到秦王的召见。相如恭恭敬敬地把玉奉上秦王。秦王大喜，传示给左右的美人和侍从，左右三呼万岁。相如见此光景，看秦王无意偿以城邑，便上前禀告秦王：“这块玉有点小毛病，请让我指给大王看。”秦王便将玉交回相如。相如接到玉，退后一步，靠着柱子，怒发冲冠，对秦王说：“赵王接

## C形玉雕龙

C形玉雕龙：红山文化的典型玉器，1971年内蒙古三星他拉出土，现藏中国国家博物馆。玉龙碧绿色，高26厘米，重1000克，身体呈英文字母C的形状。龙的脊背上有一个圆孔，经过试验，如果用绳子穿过圆孔悬挂，龙的头尾恰好处于同一个水平线上。这件玉龙是用一整块玉料雕刻而成，是国内首次发现的玉雕龙，被誉为中华第一龙。

到您的来信以后，召集大臣们商量。大臣们都认为，秦国贪婪，用空话求璧，只怕交换只是一场欺骗。我想，百姓和百姓之间都要讲诚信，何况是一国之君呢！所以自告奋勇出使贵国。没想到大王这样倨傲，把美玉传来传去，看来您也没有什么诚意。如果您要逼我，我今天就和这块玉一起撞碎在这个柱子上！”

秦王没想到赵国的来使这么厉害，又怕和氏璧有损，便向相如道歉，同时又假惺惺地叫人取来地图，一一指出那准备换给赵国的15个城邑。

蔺相如对秦王说：“和氏璧是稀世之宝，赵王怕秦国，所以不能不献。临来的时候，赵王斋戒了整整5天。您也应该斋戒5天，我才敢把和氏璧奉献给您。”秦王见此光景，无可奈何，只好答应相如的请求。相如回到驿馆，估计秦王没有交换的诚意，便派了随从，秘密地将璧送回赵国。

5天很快就过去了，秦王一本正经地设九宾在朝廷，隆重地接见相如，准备受玉。相如对秦王说：“秦国从秦缪公以来，20多位君主，没有一个讲信用的。我怕被您欺骗，所以已经派人将玉送回赵国。如果您真有诚意，可以先将15个城邑割让给赵国，区区的赵国哪敢留了璧不给而得罪强大的秦国？我知道我欺骗大王，犯下了杀头的大罪，大王您就看着办吧！”秦王一听，又气又急，哭笑不得。他心想，杀了相如，玉还是得不到，反而因此而搞得两国关系不和。不如好好招待他，把他放走，谅赵国也不敢因为一块玉就得罪我们秦国。于是，蔺相如不辱使命，回到赵国。

战国玉龙纹璜：璜类玉器产生于新石器时代，用作礼器与佩玉。璜形玉佩在玉器中所占比例较大。这件玉璜呈扇形，两端有孔，便于佩戴。

# 玉玺

在西安陕西省历史博物馆的展厅里，陈列着一枚通体晶莹润泽的玉印，它高2.8厘米，重33克，印上部为螭虎钮，虎形呈伏卧状，头尾微向左边蜷曲，怒目张口，造型生动。玉印四周有线雕云纹，印面为正方形，边长各2.8厘米，上面阴刻“皇后之玺”4个篆字，经考证，印的主人是汉高祖刘邦的皇后吕雉。专家认为这方玉印的发现创造了两项全国之最：一是我国最早发现的皇后印玺；二是玉玺的主人是年代最早的皇后。

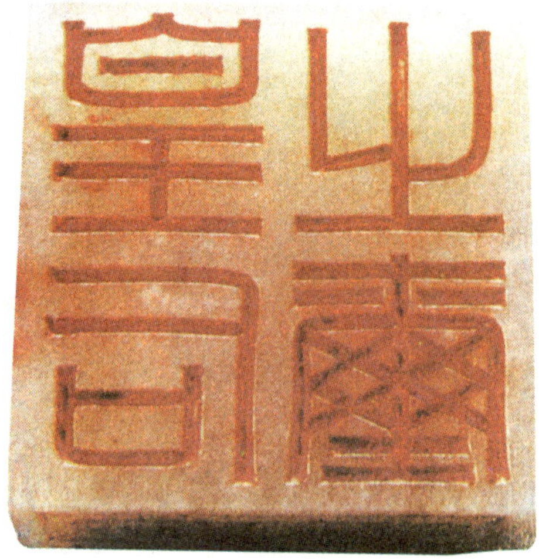

“皇后之玺”：这是吕后执政的玉玺。玉料呈白色，为新疆和田玉，印体为正方形，上饰凸雕的螭虎钮，四侧阴刻云纹，印文为阴刻篆书“皇后之玺”4字，是迄今所知汉代帝后用玉玺仅有的一件出土遗物。1968年于陕西咸阳韩家湾公社狼家沟汉高祖陵墓附近出土，现藏陕西省博物馆。

据汉代文献记载，汉代的皇帝共有6枚玺，均用白玉制成，印钮作螭虎形，印文分别为“皇帝行玺”“皇帝之玺”“皇帝信玺”“天子行玺”“天子之玺”“天子信玺”。皇后玉玺印文与皇玺相同，印钮亦作螭虎形。玺钮之所以为虎形，是因为虎为百兽之长，“取其威猛以执伏”。对秦汉玉玺，过去以为已经无存人世，这枚“皇后之玺”出土以后，便成了稀世之宝。

按汉代制度，皇帝、皇后陵园内设有便殿，供奉他们生前的衣冠用物。有人推测这枚玉玺可能是吕后生前所用之印，她死后就成为陵旁便殿内的供祭之物。据《后汉书·光武帝纪》中说，“建武元年（25年）九月，赤眉入长安”“建武二年（26年）一月，赤眉焚西京宫室，发掘陵寝，寇掠关中。”这枚玉玺或许是陵园被毁时遗落土中，后被水冲到长陵山腰的水沟里，时隔2000多年才被重新发现。

陕西省博物馆的有关专家进行了研究、鉴定，结合出土地点，查阅了许多古代文献。据《汉官旧仪》上记载：“皇后玉玺，文与帝同。皇后之玺，金螭虎钮。”而韩家湾发现的“皇后之玺”在吕后与刘邦合葬的封土之西约一公里的陵园之内，其形制、式样、印文内容及字数均与《汉官旧仪》所载相符，当为吕后之印玺无疑了。玉玺现藏陕西省博物馆。

# 金缕玉衣和长信宫灯

保定市的西北有个满城县，满城县的西北部是太行山麓的丘陵地带，东南是荒原，县城西南3里处有一座不起眼的小山丘。因为古书上说该山是古代帝王的陵墓，所以起名叫陵山。西汉的时候，满城属于中山国的属地。墓内的铭文和随葬的器物证明，墓主人就是西汉第一代中山靖王刘胜。刘胜是景帝的儿子，是汉武帝的庶兄。在刘胜墓北侧另外有一座墓，墓主是女性。从随葬品的刻文上知道她的名字叫窦绾，字君须。根据墓的形制和规模来看，窦绾应该是刘胜的王后。刘胜和王后的墓中发掘出大量的随葬品，有铜器、铁器、金银器、玉器、陶器、漆器和丝织品。其中有些器物不仅造型优美、装饰华丽，而且设计灵巧、铸工精致，是汉代铜器中不可多得的艺术珍品。如铜错金博山炉，炉座透雕龙纹，炉身上部和炉盖铸出峰峦起伏的群山，山间点缀以猎人和野兽，刻画出一幅生机盎然的狩猎图。通体饰以错金花纹，造型优美，铸造的技术非常高超，在同类器物中也是不多见的。刘胜墓还出土一领铁铠甲和两具帷帐的铜帐构。铠甲属“鱼鳞甲”类，保存完整，由甲身、短袖和垂缘三部分组成。这种铠甲在西汉中期还是比较少见的，在研究汉代防御武器发展方面具有重要价值。两具帷帐中，一为四角攒尖式顶的方形帐，一为四阿式顶的长方形帐，在汉墓中发现成套的帐构，这还是第一次。

金缕玉衣：河北中山王陵出土。中国国家博物馆藏。

刘胜墓和窦绾墓出土的“金缕玉衣”保存非常完整，是考古工作中第一次发现的成套的玉衣。它的出土使我们对于汉代玉衣的形制和结构有了较为具体的了解。

以玉衣为敛服或敛服的一部分的做法起源很早。考古发现，早在新石器时代就有将玉璧覆盖在死人身上的习惯。到了东周时期，在死者脸部覆以缀玉面幕、身上敛以缀玉衣服成为习俗。而这种缀玉面幕和缀玉衣服就是玉衣的雏形。到了汉代，人们更加迷信玉石能使尸骨不朽，从而制造出各种保存尸体的专用葬玉，包括玉衣、九窍塞和握玉等。玉衣为皇帝、诸侯王和高级贵族死时穿的敛服，由头罩、上身、袖子、手套、裤筒和鞋六部分组成，外观与人体形状相同。玉衣的各个部分由许多长方形的、三角形的、梯形的、圆形的小玉片用纤细的线缕编缀而成，一件玉衣通常用玉片2000枚左右。据说当时制作这样一件玉衣，需一个熟练玉匠十多年的时间。按照汉代的制度，皇帝死后用金缕玉衣，诸侯死后用银缕玉衣，大贵人用铜缕玉衣。但是，刘胜不管这一套，他居然用上了皇帝才能使用的金缕玉衣。玉衣一般是由朝廷手工业作坊统一制作的，但刘胜夫妇墓中违制的金缕玉衣，就不好说了。

刘胜及其妻窦绾墓中出土的“金缕玉衣”是第一次发现的保存完整的玉衣。“玉衣”出土时，形状并不完整。出土后，考古专家们不断摸索，反复实验，经过一年多时间，才将“金缕玉衣”完整复原，并公

西汉长信宫灯(复制品)：河北满城汉墓出土，现藏于河北省博物馆。

诸于世。“金缕玉衣”压在棺椁朽灰和漆皮的堆积层下面，通体扁平，头部和手、足已变形。出土时，做成腹部形状的上衣前片反而在具有臀部形状的上衣后片之下，这显然是入殓时把上衣的前后片放倒了；裤筒开缝本应朝下，而实际上左、右裤筒的开缝朝上。有人推测这些现象是由于入殓时仓猝所致。在“玉衣”的头部，有眼盖、鼻塞、耳塞和口琀，下腹部有罩生殖器用的小盒和肛门塞，这些都是用玉制成的。另外，颈下有玛瑙珠48颗，腰部扣玉带钩，右袖内发现小玉印两颗，一刻“信”字，一刻“私信”二字。整套“玉衣”形体肥大，披金挂玉，全长1.88米，共用玉片2498片，金丝约1100克。

刘胜墓中出土的长信宫灯，更是巧夺天工、精妙绝伦。该灯采取宫女跪坐双手执灯的造型，因为铭文上刻有“长信”的字样，所以考古人员给它取名为“长信宫灯”。宫女体态娴静，栩栩如生。灯的设计非常巧妙，灯座、灯盘、灯罩都可以拆卸，灯盘可以转动，灯罩可以张开，可以合上。这样，就可以随意调节灯光的亮度和方向。宫女的头和右臂可以拆卸，身体中间是空的，右臂和烟道相通，蜡烛的油烟通过烟道而进入体内，这样就避免了室内的污染，可谓用心良苦。长信宫灯的艺术水平之高，在汉代铜灯中首屈一指。

## 大玉海

渎山大玉海是中国历史上出现最早、最大的巨型玉雕，是世界玉石史上罕见的杰作。现存放在北京北海公园前的团城内。大玉海厚重古朴，气势雄伟，由一块黑质白章的玉石雕琢而成，玉质青白中带黑，属于杂色墨玉，硬度为摩氏6度，高70厘米，口径

136~182厘米，膛深55厘米，最大周长493厘米，净重达3500公斤。瓮体椭圆形，内膛空，光素无纹，镌刻有乾隆皇帝三次为玉海御制诗三首及序。我们现在所看到的玉海是由元人制作、清人加工修整过的。瓮体外壁的浮雕，有波涛汹涌的大海和沉浮于海中的各种动物：蛟龙、海马、飞鱼、海犀、海螺等，形态各异，栩栩如生。其中动物的形体、毛发、胡须和翅膀用阴阳不同的线条表示，而旋涡和波涛则用变幻无穷的纹样来表现。整个画面显示出粗犷豪放的美。

据考证，元世祖忽必烈入主中原后，为大宴群臣犒赏将士，令数百名工匠夜以继日精雕细刻5年，于至元二年（1265年）以整块玉料制成了“渎山大玉海”，作为酒瓮，可贮酒30余石，被放置在万寿山的最高处广寒殿。

1368年，明朝大将徐达率领军队攻占北京，元顺帝率部分蒙古贵族仓皇出逃，难以带走的一些珍宝落入明军的手中，其中包括玉海。玉海在广寒殿，一放就是近200年。明万历七年（1579年）端阳前一日，广寒殿失火倒塌，殃及玉海。玉海严重受损，留下了多处因焚烧而产生的裂纹。天长日久，蒙尘纳垢，爬满青苔，无人问津。清顺治六年（1649年），在琼华岛广寒殿的废墟上修建了白塔，玉海下落不明。

玉海究竟流落到了何处？原来玉海被离琼华岛不远的西华门外真武庙的一位道人拉走。这位道人发现了玉海，但他不懂什么叫文物，把玉海当作了腌菜的缸。

清乾隆十年（1745年），乾隆皇帝偶尔得知渎山大玉海在真武庙，立即下令以千金赎回，放在北海团城的承光殿内。乾隆十一年（1746年），又下令在承光殿前修建一座小亭子，定名“玉瓮亭”，将玉海陈设小亭中，还为玉海配了汉白玉雕花石座，并命内廷翰林等40余人每人赋诗一首，镌刻在亭柱上，以示隆重。

渎山玉海：北京北海团城的玉雕。它的制作是为了反映元朝强盛的国势。

渎山大玉海由于火烧、风化和腌制咸菜等原因，严重受损，面目全非。据清宫内务府造办处档案的记载，乾隆皇帝曾经先后4次下令对玉海进行清洗修整。乾隆十一年（1746年），“刮苔涤垢”，还其本来面目；乾隆十二年（1748年），将玉海上的水波纹磨细；乾隆十四年（1749年），派造办处人员督工，琢磨异兽鬃毛纹；乾隆十八年（1753年），派造办处将龙鳞、海兽等鳞甲依样刻作，并由光玉匠李进孝、刻字匠李世金监督刻磨，耗工费时，在所不惜。虽然现在的渎山大玉海已不是真正意义上的元代玉雕，但的确是两代皇帝的宠物，两代玉工的杰作。

“大玉海”是形容玉雕器体巨大，玉瓮外表纹饰多为海中各种景象，兼有“海德”“海量”的意思。但是，元人为什么把这件玉雕称为“渎山大玉海”，这是令人感兴趣的问题。乾隆皇帝认为“渎山”是指放置玉海的琼华岛的称谓。但后人查阅了不少史料发现，琼华岛在历史上尽管有过不同的称谓，却从未有“渎山”之称，乾隆皇帝的结论或许有些武断。有人认为“渎山”是玉海的玉料产地，在今四川省西部的岷山一带。直至今天，川西玉仍为人们所利用，其质色与玉海十分接近。

经过20余名国内知名玉器考古、收藏专家仔细观察、研究，并与南阳的独山玉矿样品反复对比、鉴定，认定制作于元代、现陈列于北京北海公园团城的“渎山大玉海”玉料为南阳独山玉。

## “一捧雪”玉杯

在河南省新野县歪子镇西北10里许的大李营，有一个上千人口的李氏家族，世代珍藏有一只明代玉雕“一捧雪”玉杯。玉杯的口径有7厘米，深2.5厘米。经专家鉴定，玉杯系明代工艺品，玉料出自新疆和田。玉工匠心独运，用写实与夸张相结合的手法，依据玉料的自然色泽，琢出一朵乳白色中微呈淡绿的五瓣梅花作成杯身。杯底中心为花蕊，杯外底部琢一花柄，使这枚凝脂般的花朵，盛开于梅花丛中。托杯的梅花，盛开者4，绽裂者4，含苞者9，共17朵，真是花翠枝嫩，一派生机。玉杯被称为“一捧雪”，或许与杯上那朵朵“傲雪”的腊梅有关。

清初的苏州作家李玉曾经创作了一个著名的传奇作品，就叫《一捧雪》。讲的是一个富有传奇色彩的故事，故事的中心就是围绕着一件稀世珍宝“一捧雪”玉杯展开的。说的是明代嘉靖年间，有钱塘（今杭州）人莫怀古，官为太仆卿。夫人符氏，妾雪艳。有一天，莫怀古带了雪艳去游园，遇到一个裱褙匠，叫汤勤。汤勤饥寒交迫，山穷水尽。莫怀古恰好需要人裱褙书画，便收留了他。莫怀古和奸臣严嵩的儿子严世蕃是朋友，常常在一起鉴赏字画。严世蕃说他缺一个裱褙匠，莫怀古便将汤勤推荐给他。严世蕃受贿得到一个玉杯，爱不释手，向汤勤夸耀，汤勤为了巴结严世蕃，攀附这棵大树，便向严世蕃透露，莫怀古家有一个传了九世的稀世之宝、名叫“盘龙和玉杯”，俗名“一捧雪”。严世蕃得知后，立即向莫怀古索要。莫怀古非常为难：给严家吧，实在舍不得；不给吧，严世蕃是什么人，岂能善罢甘休。莫怀古苦思冥想，想出一个办法，他请了一位名匠，照原样仿造了一个赝品，献给严家。严世蕃得到玉杯以后，没有辨别出来，十分高兴。因为那位名匠的手艺非常高明，仿制的赝品和真品一模一样。严世蕃为了报答莫怀古的好意，奏请皇上，将莫怀古提升为太常寺正卿。汤勤也因为提供信息而得官为左军都督府经历。汤勤到莫府去祝贺，二人痛饮。莫怀古千不该、万不该，在醉意朦胧之中，向汤勤泄露了赝品的秘密。汤

明代梅花双耳杯：高4厘米，耳间距11.9厘米。玉器收藏家许国文先生收藏。

勤得知这一秘密以后，回去就向严世蕃告密。严世蕃得知自己受骗，勃然大怒，亲自领人到莫家，名为拜访，实为搜查。混乱之中，家人莫诚将真杯带出，悄悄藏了起来。严世蕃没有搜到真杯，莫怀古这才幸免于祸。莫怀古生怕严世蕃不能就此罢休，便往旧友戚继光处避风。汤勤又唆使严世蕃，必须诛杀莫怀古，以斩草除根。严世蕃听了汤勤的主意，将莫怀古抓获，押送戚继光处问斩。忠仆莫诚冒充主子而死，戚继光偷偷将莫怀古放走。将莫诚的首级送到严府以验收。谁知假人头又被汤勤识破。汤勤知道莫怀古头顶有三台骨，脑后枕骨如拳，又向严世蕃检举戚继光。于是，严世蕃又奏请皇上逮捕戚继光。汤勤艳羡雪艳的美貌，便向雪艳表示，若能嫁给他，此事便就可以翻案。雪艳为救怀古，假装答应汤贼。汤勤便改口，说人头是真，于是戚继光被释放。汤勤强迫雪艳成婚，洞房之内，雪艳刺杀汤勤，然后自杀。戚继光收埋雪艳，厚葬西山，又安葬了莫诚。后来严嵩、严世蕃倒台，莫怀古官复原职，雪艳、莫诚都受到褒奖。

“一捧雪”的故事，显然受到了“伪画致祸”故事的启发，所以看起来有些相似。

# 第五章　金器、银器和兵器

- 金印
- 金项链
- 皇冠与凤冠
- 黄金编钟
- 红衣炮

# 金器、银器和兵器

## 金印

公元前204年，河北真定人赵佗建立了一个割据政权——南越国。在五岭以南40多万平方公里的土地上，赵氏政权建立了不朽的业绩。它曾与汉高祖刘邦对峙，拒不称臣，被视为一方枭雄。93年后，它才在与汉武帝的南征大军进行了殊死的较量后灰飞烟灭。然而，2000多年以后，竟然在广州偶然地发现了南越国第二代君主的陵墓。

1983年，风景秀丽的越秀山的西侧，在名为象岗的小山冈上，建筑工人们在挖掘地基。一天，人们突然发现地面露出了整齐排列的大块砂岩石板，从石板之间的缝隙往下看，隐约可见一座庞大的建筑。工人们立即将这一发现报告了工程指挥部。指挥部猜测，这座地下建筑可能是古代文化遗迹，于是立即通知了广州市文物管理委员会。

“文帝行玺”金印：广州西汉南越王博物馆藏。“文帝行玺”金印出土于墓主人赵眛的胸部位置，主要特点是以龙为钮，黄金铸成。印面阴刻“文帝行玺”4个字，应是南越文王的发布命令的官印。

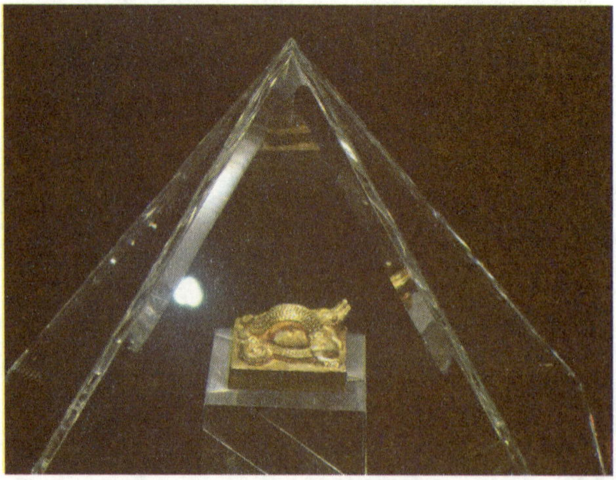

文物管理委员会得知这一消息以后，立即组织考古专家赶赴现场。专家们仔细勘察了相关的情况以后，先派一人设法从大石板的缝隙之间进入这座地下建筑。很快，这位探险者就带来了令人惊喜的消息：石板下面是一座石室大墓，墓室里堆满了随葬物品；石室的墙上、顶板上绘满了线条流畅而绚丽的黑红色的卷云纹。不难想象，这位墓主人的身份很不简单。那么，墓主究竟是何许人呢？1983年8月，经过认真的准备，由中国社会科学院考古研究所、广东省博物馆、广州市文物管理委员会三方组成的发掘队伍在象岗山顶开始了大规模的发掘工作。

经过2000多年岁月的磨蚀，陵墓的大门早已朽坏，打开大门并没有遇到什么麻烦。展现在人们面前的是一个四方形的门厅，墓室分布在东西北三面。东西各为一个狭长的耳室，里面有一个随葬的人和大量的精美物品。发掘者们相信：墓主人可能是一个帝王一级的人物。墓主人胸部有一方龙钮金印，发着夺目的光彩。金印上赫然刻着“文帝行玺”4个字。“文帝”何许人也？原来他就是史书中记载的南越国的第二代君主。

南越国的疆域大致包括今天的广东、海南、广西三省和越南的北部，都城是位于珠江三角洲北部的古番禺城，即今天的广州城。

秦始皇在统一了中国的大部分领土、建立起秦王朝之后，便迫不及待地将目光转向千里之外的岭南。公元前218年，他派出50万大军，兵分5路，以排山倒海之势向岭南开进。南越国的开国君王赵佗便是这浩浩荡荡的秦军中的一员战将。经过一系列血腥的战斗，南越地区终于被纳入了秦政权的版图。

公元前206年，短命的、迷信武力和刑罚的秦王朝在农民起义的烽火中覆灭；随后刘邦、项羽逐鹿中原，天下大乱。公元前204年，在发兵兼并了桂林、南海和象三郡后，赵佗乱世称王，并定都番禺。刘邦平定中原称帝后，专门派使臣南下，劝赵佗向汉朝称臣，但赵佗置之不理，拒不臣服。

从这位国王的墓室，我们看到错杂陈列着的铜、玉、金银、丝绸、琉璃、象牙等形形色色、数以千计的文物。国王胸上安放的这枚金印是最引人注目的，它是墓主身份和权力的象征。据史籍记载，汉朝的帝王所使用的不过是螭虎钮的玉印。南越王的勃勃雄心由此可见一斑。

仔细观察这方书体方正、刀法遒劲的“文帝行玺”，它的印面沟槽内及四壁都有划伤与碰撞的疤痕。那条张牙舞爪、呈S形盘曲于印台背上的龙，有些部位已被磨得十分光滑，那正是手指抓印的地方，显然这是文帝日常行使王权的大印。

墓中共发现19枚印章，这在全国已发掘的汉墓中也是很罕见的。其中有金印、包金铜印、玉印、象牙印、玛瑙印等多种。金印有3枚，分别是“文帝行玺”龙钮金印、“泰子”龟钮金印和“右夫人玺”龟钮金印。“文帝行玺”金印的印面特别大，方形，龙钮，每边长3.1厘米，连钮高1.8厘米，重148.5克，印文阴刻篆文。是目前所见的最大的西汉时期的金印，也是已出土的唯一一颗仿汉帝玉玺的印章。“泰子”金印和“右夫人玺”印文也都是阴刻篆书，“泰”字应是“太”的通假。按汉制，妾皆称夫人，而以右为尊，故右夫人的印称玺，金质，说明她在诸夫人中地位是最高的。

汉武帝时，赵佗的孙子赵眜继为南越王，后来自以为力量强大，山高皇帝远，也僭号为“文帝”。在位时“乘黄屋左纛”，俨然汉帝一般，死后的丧制大概也是按帝制而行。这些都违反汉制，汉中央政府是绝不会承认的，所以墓中所出的“文帝行玺”金印只能是南越国自制。

已出土的西汉时期另一重要的金印，是1956年在云南晋宁石寨山滇王墓中发现的“滇王之印”，它是云南隶属中央最早的物证。“滇王之印”用纯金铸成，蛇钮，蛇首昂起，蛇身盘曲，背有鳞纹。篆文，边长2.4厘米，通高1.8厘米，重90克。公元前109年，汉武帝出兵征讨云南，滇王拱手降汉。汉武帝在其故地设益州郡，封滇王国国王为“滇王”，并赐“滇王之印”。其印面大小与东汉光武帝赐予日本委奴国王的“汉委奴国王”金印（日本福冈美术馆收藏）和“晋归氏王”金印（现藏上海文管会）的印面近似，可见汉晋王朝给边疆少数民族首领和邻国国王的印制大体是一致的。

西汉“滇王之印”：云南省博物馆藏。

东汉时期的金印，目前有1981年出土于江苏扬州邗江县甘泉乡东汉光武帝刘秀第九子广陵王刘荆墓旁的一方金印，该墓已被盗过，“广陵王玺”金印即出于堆放盗洞内的填土和乱砖之中。此印通高2.1厘米，长宽各2.3厘米，厚0.9厘米，重123克；龟钮，印面阴刻篆文“广陵王玺”。它是我国目前发现的唯一的汉代诸侯王金印。现藏南京博物院。“广陵王玺”金印出土后，曾经两次东渡日本，与现藏日本的“汉委奴国王”金印并列展出，一时传为中日文化交流的佳话。

“广陵王玺”金印出土后，消息传至日本，引起巨大震动。1981年6月27日，日本《中日新闻》《朝日新闻》《北陆新闻》等各大报纸均以头版头条位置报道了这个“冲击性的发现”“伟大的发现”“解决古史奥秘之光的发现”。日本为何如此重视这枚金印？原来，它与日本国内收藏的“汉委奴国王”金印有着极大的关系。

东汉广陵王玺金印：江苏扬州出土。

据历史记载，“汉委奴国王”金印系江户时代光格天皇天明四年（1784年）2月23日出土于筑前国那珂郡（现九州福冈市东区）志贺岛博多湾叶琦，是农民甚兵卫修水渠时在一座石棚下发现的。金印系范铸，通高2.236厘米，重108克，蛇钮；蛇身遍布小圆圈纹，印面呈方形，长平均值为2.345厘米，印面阴刻篆文“汉委奴国王”三行五字。此印的发现引起日本学术界的高度重视，学者们议论纷纭，莫衷一是。

1981年“广陵王玺”金印的出土，对于证明“汉委奴国王”金印为真品、解决日本持续200多年的学术悬案，起到了关键性的作用。比较这二枚金印，我们不难发现它们的共同之处：形制大小均符合边长1寸（2.35厘米）、台高4分（0.94厘米）的汉制；印铸成后，均在钮身上錾凿连续的直径一毫米的小圆圈纹，“广陵王玺”金印上为75个，“汉委奴国王”印上不下100个，且刻文刀法相同，均用薄刀从两面正入，刻工娴熟，刚劲有力；印文字体均为方体篆书，方笔起落；赐印时间相近，仅差一年：“广陵王玺”授印时间为永平元年（58年），而“汉委奴国王”金印的赐予时间在建武中元二年（57年）。所以许多学者认为此二印应是同一作坊之作，很可能出于同一批工匠之手。

## 金项链

1957年8月，在距离唐长安城西墙内约一公里的梁家庄，也就是玉祥门外附近的基建工地上，施工人员发现了一座长50米、宽22米的夯土台基。中国科学院白瓷龙柄鸡首壶：高27.4厘米，口径7.1厘米，底径7厘米，1957年陕西西安李静训墓出土。

考古研究所的考古人员闻讯赶到工地，他们根据经验猜测，这是一座古代建筑物的遗址。

在工程进行的过程中，施工单位为了了解地质情况曾经进行过钻探，在夯土的台基下探得了五色土，这种五色土和台基所用的纯黄土完全不同。有一个探洞，因为遇到坚硬的石头一样的东西而无法深入。考古人员在知道了这些情况以后，产生了很大的兴趣：夯土台基下的情况很不简单，是不是墓葬呢？如果确实是墓葬，那么又是什么时代的墓葬？发掘开始以后，没有想到，仅仅下挖了0.60米，一座规整的石棺墓葬展现在人们的眼前。原来，那些五色土就是墓葬内的填土。这是一座构筑规整的长方形竖井土坑石棺墓，由墓室和墓道两部分组成。石椁的四壁用10块石板围砌而成。椁盖系4块石板东西顺放，大部分已经断裂。最南的一块上面，刻有“开者即死”4个字。墓室呈长方形，近地表处长6.05米、宽5.1米；向下逐渐内收，至墓底部长5.5米、宽4.7米，深度为2.9米。墓道在墓室南壁的正中，为斜坡式，长6.85米，宽1.60～1.85米。这类墓葬形制在考古学上称为平面呈甲字形的土坑竖穴墓。

进一步清理填土后，墓室中露出了一具完整的石椁和一方墓志。令人吃惊的是，墓主居然是一个年仅9岁的女童，只见她伸直仰身，两手合抱在胸前，头朝南，脸向上。根据墓志的记载，她的名字叫李静训，陇西成纪人。根据墓志和有关文献的研究得知，李静训的家世非常显赫，她的曾祖父李贤是北周的骠骑大将军、河西郡公。她的祖父李崇是一代名将，年轻时随周武帝平齐，以后又与隋文帝杨坚一起打天下；开皇三年（583年）在抗拒突厥侵犯的战争中李崇以身殉国，年仅48岁；死后追赠豫州刺史。她的父亲叫李敏。李静训自小为外祖母周太后所养育。她在大业四年（608年）六月一日死于汾源之宫，年仅9岁，同年12月安葬于长安县休祥里万善道场之内。

李静训墓随葬的器物十分丰富，精美绝伦，在以往所发掘的隋代其他墓葬中很少有如此丰富的收获。我们罗列一下女童的各类随葬品的名称与数量，看看一个9岁的女童在夭折以后占用了多少财富：陶俑和明器共90件。陶俑都是红陶，其中有镇墓兽，有武士俑，有

嵌珍珠宝石手镯：1957年陕西西安李静训墓出土。中国国家博物馆《古代中国》陈列展。

仪仗俑，还有一些动物俑。瓷器共17件，釉色分青、白两种，都有冰裂纹。器形有罐、壶、瓶、盒等等。陶器6件。金银器共31件，金项链、金杯、金戒指、金手镯、头饰金花、银杯、银碗、银盒、银筷、银的调羹和指甲套等等。铜铁器19件，玻璃器共24件，骨木、漆器共16件。从上述200余件随葬品可以看出：陶俑和陶明器属于仪仗类的殉葬品；陶、瓷、铜、铁、骨、木、漆器是日常用器，种类齐全，生前日常所需物品几乎无所不备，应有尽有。这些器皿中不乏精品，尤其是一些白瓷器，代表了隋代最高的工艺水平。

李静训墓的出土文物中，那条金光闪闪的金项链吸引了人们的注意力。这条金项链显然是墓主生前时刻不离的心爱之物。它的制作技艺之精湛，真是令人叹为观止。项链由28个金质球形链珠组成，左右各14个，每个球形链珠均由12个小金环焊接而成，每个小环外又有小焊珠一圈和大焊珠5颗，其上再各嵌10颗珍珠。项链的下端也做得颇有想象力：中间是一个大圆金饰，上面镶嵌一块晶莹的鸡血石，在鸡血石四周嵌有24颗珍珠。这块鸡血石纯净晶莹，虽然在地下埋了1000多年，却仍然鲜艳得像新的一样。在鸡血石的两侧各有一四边内曲的方形金饰，它的四边、圆环、对角线都是连珠形的小焊珠。再外侧各有一个圆形的金饰，上面镶嵌着蓝色的珠饰，周边镶嵌珍珠。最下端挂着一个心形的金饰，上面镶嵌有一块非常罕见的青金石，长达3.1厘米。

嵌珍珠宝石金项链：西安李静训墓出土，中国国家博物馆藏。

对于这串金项链的来历，研究者提出了不同的看法：有人认为，这条金项链具有浓郁的波斯

艺术风格，可能是从中亚或西亚传入的；也有人认为它是我国的工匠精心制作的。现在没有确切的材料来作明确的判断，只好存疑而留待后人去解决了。

## 皇冠与凤冠

明代最出色的金银器，当首推万历皇帝的金丝翼善冠和四顶皇后的凤冠。这几件价值连城的珍宝于1958年在北京昌平明定陵出土，其中金冠更是出土的明代文物中唯一的皇冠。皇冠和凤冠以外，定陵中出土的金器相当多，大部分放在帝后和皇帝的梓宫内，少数的放在梓宫旁的漆木箱内。金器有脸盆、漱盂、壶、香盒、粉盒、碗、盘、匙、爵等。有的金器刻有龙纹，还镶了珠宝玉石。不少器物刻有制作年月、器物名称重量以及经管官和工匠的姓名。从所刻的铭文来看，定陵所出的金器大部分是内府“银作局”所制。

金冠放在万历皇帝头侧的圆形盒子中，这顶金冠用极细的金丝编织而成。粗粗一看，好像是纱帽。总重量只有826克，堪称明代金钿工艺的杰作，是我国现有唯一的皇帝金冠。这顶皇冠的式样与圆顶乌纱帽基本相同，冠高14.7厘米，由前屋、后山、两角（俗称纱帽

万历皇帝的金丝翼善冠：明定陵出土。首都博物馆大明万历专题展。

翅，对称）三部分组成。前屋呈半圆形网状冠体，下有金口，略呈椭圆形，口径20.5厘米。后山高起于前屋后部，攀附有两条蟠龙，双龙左右对称，龙身鳞甲分明，龙首绘于正面，两个龙头之间是一个火焰宝珠，作二龙戏珠之状。两角最高，左右对称，薄如蝉翼，贴于后山之后。金龙姿态生动，刚劲雄健。金龙的拔丝、编织和焊接表现出很高的工艺水平。尤其是两条金龙，是用挽丝工艺制成。金冠结构复杂，工艺精湛，采用的细金丝直径仅有0.2毫米，编织的孔眼非常均匀，没有接头的破绽。前屋用细金丝518根，后山、两角分别用334根和70多根。龙身则以粗金丝为骨，采用掐丝、垒丝、码丝的方法，然后进行焊接，呈高浮雕鳞片式，龙鳞共8400片。龙头、爪、背鳍采用的是錾刻方法，呈半浮雕形。此冠的制作采用了搓金丝、掐丝、编织、填丝、垒丝、錾雕、焊接等工艺，充分反映了明代金银细工高超的水平。皇冠的形制与文献记载基本相同。

墓中有四顶皇后的凤冠，均装于朱漆木箱内，出土时都已散乱，后来根据原状修复。凤冠用金丝和翠鸟的羽毛编织成龙凤花树翠云的图案，而以龙凤为主。其中孝端皇后的九龙九凤冠、孝靖太后的十二龙九凤冠，均用金丝堆垒的工艺焊接，中间镂空，玲珑剔透，富有立体感。冠上装饰有无数的珍珠宝石。其中一顶孝端皇后的六龙三凤的凤冠用了5449颗珍珠、128粒宝石。

凤冠中最为精致的是孝端皇后的一顶凤冠。冠高27厘米，通高48.5厘米，口径23.7厘米，重2320克。冠框用髹漆竹丝编织而成，上饰九条金龙，点翠九凤，龙、凤首均朝下，口衔珠滴。翠凤下缀有三排以红宝石为中心的珠宝钿，冠檐底中有嵌宝的翠口圈。凤冠左右各有三扇舌形博鬓，点翠，嵌金龙，上有珠花璎珞。全冠共用珍珠4414颗，镶嵌大小红蓝宝石115粒。整个凤冠龙凤相配，珠光宝气，皇家风范十足。

孝靖太后凤冠：明定陵出土，中国国家博物馆藏。

金银器以外，冠服也是非常珍贵的文物。从定陵出土有61件龙袍和41件女裙，其中最为出色的是万历皇帝的缂丝衮服与孝靖太后的洒线绣百子衣，体现了明代高超的缂丝和刺绣艺术。衮服是皇帝在祭祀天地、宗庙等大典时所穿的礼服。这件衮服，身长136厘米，通袖长233厘米，用色多达28种。大量地使用金线，局部采用孔雀羽线，纹样金彩交辉，富丽堂皇，庄重大方。以黄色方目纱为里，缂丝为面，中间衬层以绢、纱、罗织物杂拼缝制，通体缂制而成。缂丝衮服出土的时候带有绢制的标签“万历四十五年（1617年）……衮服”等字样，因此可以确定为目前所见的最早、最完整的缂丝衮服。缂丝是我国特有的丝织工艺品，在唐前作为帝后和贵族的服饰。唐宋以后，缂丝技术不断地得到发展，更多地转向制作名贵的书画。定陵出土的缂织纹样以十二章和十二团龙为主体，用孔雀羽、赤圆金钱及其他色彩的绒纬缂织，以蓝、绿、黄等正色为主，配以间色，是缂丝艺术性与实用性的完美结晶。

在出土的众多刺绣品中，孝靖太后的两件洒线绣百子戏夹衣是无价之宝。它的珍贵在于：整件衣服用刺绣工艺制成，衣上精致地绣有100个童子，以此象征皇室子子孙孙绵延不绝，永世兴旺。百子衣的绣底是一绞一的直径纱，在方目纱底料上，以穿丝针法绣满菱形的图案作为底纹。这两件百子衣是明代宫廷绣品的代表。

值得一提的是，几乎所有出土的匹料上都保存有腰封，即两端印有云龙纹的墨书楷体长方形标签，上面记载着织品的颜色、名称、纹样、产地以及织染工匠、监造人姓名等，这些标签具有珍贵的文献价值，它可以帮助我们研究明代官营丝织业的织造技术和管理组织分工的情况。

## 黄金编钟

故宫博物院的珍宝馆里收藏有无数价值连城的文物，其中有一套金碧辉煌的金编钟，更是宝中之宝。这组金编钟为乾隆五十五年（1790年）制成。金钟做成椭圆形，中空，通高27厘米，周长65厘米。这组金编钟一共有16个，与现在发现的战国时期编钟相比，大小、发音都不同。这组编钟尺寸统一，但各钟的内高、内中径、内下径、厚度均不同，以定音高次第，从低音到高音排列为：黄钟、大吕、太簇、夹钟、姑洗、仲吕、蕤宾、林钟、夷则、南吕、无射、应钟，另外还有4个备编钟。每只钟的正中是它的音阶名称，周围阳刻两条蜿蜒灵娇的飞龙，互相追逐，戏耍火珠。每个钟的正面中间长方形框内，铸有阳文的楷书律名，背后镌刻有“乾隆五十五年制”的字样。下部有8个外突的平头圆形的音乳，音乳之间雕有上下对称的角云纹，两条游龙，姿态飘逸，腾游于江涛、流云之间，充分显示出清代宫廷乐器的艺术特色。按照清朝规定，每逢元旦、冬至、皇帝生日，以及皇帝大婚、坛庙祭祀等特别隆重的礼仪活动，要使用编钟等最高等级的音乐。编钟被敲击的时候，发出纯美、明亮的音色，增添了典礼的肃穆神秘的气氛。

说起这套金编钟的经历，还真和中国的近现代历史分不开呢。辛亥革命推翻了中国2000年的封建帝制，民主共和的观念深入人心；但是，末代皇帝溥仪没有马上被驱逐出宫。作为一种妥协和过渡的方式，民国政府每年拨款400万两作为皇室的生活费。可是，清皇室300年来过惯了骄奢淫逸的生活，这区区400万两怎么能够用呢？于是，1924年5月，由逊帝溥仪的岳父荣源等悄悄地与北京盐业银行签署合同，以金编钟及皇太后、皇后的金玺10枚，金册13个及金宝箱、金印池等作抵，向银行借款80万银元，其中金编钟抵押了40万银元。后来，由于清室无力偿还贷款，编钟便归盐业银行所有。可是，编钟作抵押的事情渐渐地透露到社会，

清代金编钟：北京故宫博物院珍宝馆藏品。

此后，张作霖、阎锡山以至日本侵略军，都曾探询编钟的下落。盐业银行先是矢口否认编钟作抵一事，后来又将金编钟由东交民巷的外库转移到盐业银行在法租界的库房的夹屋里，由盐业银行经理兼天津银行会会长陈亦侯负责保管。“七七”事变以后，日本侵略军占领了华北，日本驻津副领事几次向陈亦侯软硬兼施，甚至以死相逼，要他交出编钟。陈秘密派人请示在贵州任省主席的总经理吴鼎昌，吴的复电只有一个字“毁”，要将编钟化为1000多根金条。陈于心不忍，遂找了天津四行储蓄会经理，原盐业银行副经理朱虞生的女婿胡仲文，胡仲文是位深明大义的民族资本家。陈、胡二人商议，将金编钟悄悄地运到四行储蓄会大楼的地下仓库，并用了几吨煤将门封住。在软硬兼施的手段用尽以后，日本特务终于失去耐心，派出大量军警到盐业银行来搜查。结果一无所获。陈、胡和参与此事的两位工友在高压之下，始终守口如瓶，严守秘密。就这样，这16个金编钟终于被保存了下来。1949年1月15日天津解放，胡仲文便列出保管清单，代表盐业银行将金编钟交到天津军管会。1953年又重新回到了故宫博物院。

## 红衣炮

红衣炮是明朝晚期对欧洲长管加农炮的通称。本来叫“红夷炮”，清人忌讳“夷”字，改称“红衣炮”。16世纪的时候，英国和荷兰已经用它来作舰炮。1620年，一艘装备有加农炮的英国舰船在澳门附近的海域搁浅，葡萄牙当局便将舰上的30门炮据为己有。天启年间（1621—1627年），明朝购买了这批大炮，想用于辽东，以加强东北的防务。当时人形容这种大炮“折巨木，透坚城，攻无不摧”，威力无比。

中国人使用火炮的历史十分遥远。10世纪末，北宋的军事家根据炼丹家曾经使用过的火药配方制成了最初的火药并制成作战用的火器。从火药到火球，从火球到火药箭，最后到火炮。红衣炮属于火炮中的重型炮。在山海关、中国国家博物馆、山西省博物馆，都收藏有保存完好的红衣炮。山海关城墙上陈列有一门铁制的红衣炮。炮身长278厘米，已经有些锈蚀，口径

10厘米，大概是当年山海关守城用的重炮。炮身上的铭文尚可辨认一些："大明崇祯十六年仲春吉旦铸造神威大将军一位重五百斤"。在中国国家博物馆藏有崇祯十二年(1639年)所铸造的一门红衣炮，重2700公斤，铭文上刻有"钦命总督军门洪承畴钦命总督高起潜……"的字样。河北石家庄发现一门红衣炮，炮身上面刻着"崇祯戊寅岁仲夏吉日捐助制造红夷大炮总督军务卢象昇……"等字样。山西省博物馆收藏的两门炮，炮身上的铭文和石家庄发现的炮一模一样。这些炮是卢象昇（1600—1639年，常州宜兴人，时任大名知府）当年抗清的见证。

1975年5月，在齐齐哈尔建华机械厂发现一门清代康熙二十四年（1685年）雅克萨之战中使用过的"神威无敌大将军炮"。这门炮是红衣炮的一种，1676年制造，铜质，前膛，炮身长248厘米，口径11厘米，炮口外径27.5厘米，底径34.5厘米，重1137公斤。炮膛的底部遗留有一枚炮弹。

在河南舞阳一建筑工地发现一门清代制造的红衣炮。炮身长约200厘米，炮口直径约15厘米，炮头直径近40厘米，总重达1000多公斤，炮身上"红衣大将军"5字清晰可辨。经专家考证，这尊铁炮铸造于清代同治元年（1862年）。

雅克萨战争中清军使用的"神威无敌大将军炮"：黑龙江黑河瑷珲历史陈列馆藏。

红衣炮在明末清初改朝换代的大动荡中曾经扮演过重要的角色。明末的形势十分危急，内有李自成、张献忠如火如荼的农民起义，外有努尔哈赤虎视眈眈的满州八骑。这时有人提出了引进西洋武器的建议。其实，明王朝内部对于是否引进洋枪洋炮，一直在进行激烈的争论。一些官员对于列强的扩张野心忧心忡忡，对基督教的渗透深怀疑虑。他们极力维护理学的统治地位，认为西方的教义和儒家学说格格不入，对传教士在民间的活动尤其不满。他们在反对基督教的

## 徐光启

徐光启（1562—1633年），字子先，号玄扈，天主教圣名保禄，谥文定。明代南直隶松江府上海县（今上海）人，著名科学家。他也是中西文化交流的先驱之一，是上海地区最早的天主教徒，被誉为明代“圣教三柱石”之首。



同时，也反对西方科学技术的传入。另有一些官员则主张引进和利用西方的技术来挽救明王朝的衰亡，但他们对于西方的侵略野心缺乏警惕。在基督教徒的启发下，有人建议使用西洋的大炮来挽救战局。军事形势的渐趋恶化，特别是广宁的陷落终于使皇帝坚定了决心。1623年，四名葡萄牙的炮手自澳门北上。孙承宗（1563—1638年，保定高阳人，礼部右侍郎）、袁崇焕（1584—1630年，东莞人，兵部尚书）的关外驻军装备了西洋的大炮，并投入使用。崇祯三年（1630年），徐光启奉命监造西洋大炮。他对炮台的建造也非常有研究，把造炮和建台统一起来考虑。这些炮台用条石作基础，和城一样高，里面分三层，下层放置大型火炮，中、小型的火炮放在中层和下层。台径可达数丈，墙壁上设有射孔。外墙为半圆形，内墙与城内相通，以便士兵出入。火炮可以向三个方向射击敌人。还能上下调整角度，减少了死角。炮台与炮台之间可以互相呼应，组成交叉的火力。徐光启为引进西洋的火炮技术奔波了十多年，直到古稀之年，还在为城防的事操心。他的主张并没有被明朝廷全部采纳，但是，他的建议对于晚明的火炮制造起了积极的促进作用。

# 第六章　雕塑

# 雕塑

## 兵马俑

秦始皇陵兵马俑，这个人类文明史上的伟大奇观，自1974年发现以来就受到世人的瞩目。兵马俑坑和秦始皇陵一起，已被联合国教科文组织列入《世界文化遗产名录》。它不但是中国人民的珍贵文化遗产，也是全人类的宝贵文化财富。

兵马俑坑位于秦始皇陵园东门大道的北边。这里原是一片柿子树林，沙石堆积，荒冢累累，少有人迹。其东、西两端不远处各有南北向的古河道一条。1974年3月，陕西临潼县宴寨公社西杨村的社员，在骊山秦始皇陵东侧约1.5公里的地方打机井，意外地发现了与真人大小相仿的陶制人头、人身和手，不知是何物。井挖到离地面约5米深的地方，人们又发现了青砖地面，残缺的铜弩机和许多青铜箭头。后来，陕西省组织考古队进行勘探发掘。

兵马俑坑：秦始皇帝陵兵马俑一号坑的陶俑和隔梁，陕西西安临潼秦始皇帝陵博物院秦始皇兵马俑博物馆。

1974年7月15日秦俑考古队进入发掘现场，发掘工作正式开始。至1975年上半年，发掘清理了一号兵马俑坑的东端，基本摸清了俑坑的范围和内涵。国家对此发现非常重视，为了妥善保护遗迹遗物并便于中外各界参观，研究决定建立一号兵马俑坑遗址展览大厅。随后考古工作继续开展，1976年4月23日，在一号兵马俑坑的东端北侧，发现了二号兵马俑坑。5月11日又在一号兵马俑坑的西端北侧，发现了三号兵马俑坑。在一号兵马俑坑的中部北侧，发现了一个未建成的四号兵马俑坑，未建成的原因应该与秦末的农民起义有关。

在奴隶制时代，常常用活人殉葬。残酷的杀殉制度，使劳动力受到严重的摧残。封建地主阶级取得政权后，不再用奴隶殉葬。于是仿照活人形象制成俑，以满足统治阶级借以表现他们生前的权势和享乐生活的需要。

秦汉兵马俑是怎样制作的呢？1989年，中国社会科学院考古研究所汉长安工作队在西安市未央区六村堡乡的一片菜地进行勘测钻探时，发现了21座距今约2100年的西汉大型烧造兵马俑的陶窑，并出土了数千件陶俑。这是专为皇帝和政府制造人葬用兵马俑的官窑。这批官窑规模宏大，产量很高，其中有两个陶窑还装有满满的桶坯，每窑装有350个到400个。这样，21个窑一次就能烧出7350个到8400个陶俑。从这样的生产规模看，秦汉兵马俑阵势浩大也就不足为奇了。现场发掘出的陶俑实物，使人们解开了兵马俑烧造之谜。陶俑的制作全部是模制，但面部五官在烧制前要进行雕刻。烧造前未作彩绘，但绝大部分在烧成后要涂以白色陶衣。秦朝对制陶作坊的工人实行“物勒工名，以考其诚”的制度，要求工人在制作的俑身上打印上或镌刻上自己的名字。这本是统治者稽查陶工制作陶俑数量和质量的，但却为后人留下了一大批艺术匠师的名字。现在能辨清的有宫丙、宫疆等85人。

秦始皇陵兵马俑是为秦始皇入葬而设的，俑坑以其庞大的规模，成为陵园建筑的重要组成部分。秦始皇在即位的第二年（公元前245年）就开始为自己修建陵墓，当时他才14岁。秦始皇统一中国以后，又大规模地修陵，整整修了10年。从全国征发百姓，筑陵人数最多的时候达到72万人，前后用去30多年的时间。公元前210年，秦始皇突然驾崩，终年50岁，死后两个月，尸体运回首都咸阳，归葬骊山的陵墓。

秦是战国时著名的军事强国，拥有上千辆战车，数万匹战马，百余万雄兵。秦始皇凭借这支强大军队，

秦始皇帝陵兵马俑一号坑的陶马：陕西西安临潼秦始皇帝陵博物院秦始皇兵马俑博物馆。

驰骋中原，以秋风扫落叶之势兼并六国，完成了统一中国的大业。兵马俑不是一般的殉葬品，他们是一支根据秦始皇的勃勃雄心，精心配置、按照实战布阵的军队。

兵马俑的布置以阵兵的形式出现。秦俑身高1.75米至1.76米，容貌神态各异，而且均有彩绘。从兵种看，分为步兵、车兵、骑兵。步兵包括作跪射和立射式的弩兵和一般武士俑，车兵包括驭手和车士。从职务分，有将军俑、武官俑和武士俑。俑的穿戴和兵器配备，随职务和兵种不同而有差异。比如一般武士兵卒，身穿短褐或不带花边的铠甲，头挽发髻，也有的戴软帽，腿扎行滕，足穿方口齐头浅履。中下级武官则身穿带花边的前胸甲，头戴单卷尾长冠，足蹬长靴。他们在兵卒中间一般靠前。而中级以上的将军俑则身披甲片小得多的彩色鱼鳞甲，头戴双卷尾长冠，胡须较长，年龄也大得多，他们在队伍中一般靠后。其他如骑兵俑、驭手俑、车士俑、弩兵俑和跪射俑等，也都装束各异，并各自作出自己的姿势。

秦代跪射俑：出土于二号兵马俑坑。陕西西安临潼秦始皇帝陵博物院秦始皇帝陵文物陈列厅。

中国步兵是古代诸兵种中最早诞生的兵种。秦兵马俑一、二、三号坑内都有独立编制的步兵俑。一号坑是东西向的长方形，由步兵和战车组成，大约6000人马。前锋有三列204个武俑，其中有3名身着铠甲的将军。后面是主体部分，其中有六行配有战车，一车四马，有五行是步兵。组成规模宏大的38路纵队。在军阵的南、北、西三个方向，各有一列武士。这支进攻性的军队，前面有弓箭手开路，后面的战车带着士兵排山倒海地席卷而来。

二号坑是曲尺形。前锋是334名弓箭手，中间的蹲着射箭，两边的立着射箭。前锋的后面是64辆战车，每组战车上有3名士兵，中间是驾马的驭手，左右是专管厮杀的战斗人员。再往后有19辆重型的战车和100名士兵，左侧另有6辆战车和124名骑兵。骑兵作为中国古代军队中的独立兵种，大约始于春秋战国之际。秦俑二号坑骑兵俑的出土，将2000多年前骑兵军阵的雄姿第一次展现在人们面前。

三号坑像一个倒过来的凹字。中间有一辆装饰华美的战车，周围有68名武士。有的脸朝战车而立，有的在通道处夹道排列。从三号坑的位置和士兵排列的方式来看，三号坑无疑是全军的指挥中心。俑坑中未发现主帅，有人认为主帅就是秦始皇，也有人认为古代打仗是临时任命将领率军出征的，主帅可能尚未任命。

从艺术上来看，秦始皇陵兵马俑堪称是气势宏大和细微精深完美的结合。

气势宏大主要指形体、数量所形成的恢弘气势。这种气势，既有单件兵俑或马俑的艺术表现所造成，更多则为群体组合所造成。秦始皇陵的兵俑和马俑单体体量，等于或超过现实生活中的尺寸，而在表现这些巨大的实体时又使用了成功的手法。如马俑，使用两种不同的表现手法：马头和四肢，以表现骨骼为主，棱角鲜明；脖子、前胸、后臀、大腿，以表现肌肉为主，饱满结实。再加上神态上的喷鼻张口、奋鬃扬尾，匹匹似一触即发的良驹，活现眼前。马俑的表现手法，大刀阔斧，严谨中不失潇洒，求实中又给予夸张。这种手法，直接为汉俑所继承发展。

鞍马骑兵俑：陕西西安秦始皇兵马俑博物馆。

兵俑的细部变化细致精深，对生活的反映非常细腻。体现秦兵马俑的变化表现于每个兵俑的年龄、性格、地区以及头式、衣饰等的不同。那些不同的发髻，不同的髭须，不同的披戴，不同的相貌等等，充分体现这些俑的制造者的艺术观察和概括力。秦俑不仅造型多且较为准确，还重视神韵的表现。许多俑的面部神情刻画的精致传神，通过眉、眼、胡须、肌肉的变化揭示不同的人物性格。从出土的十多件将军俑来看，年老者面容清癯，长须，形态平静，显现出稳健多谋的风采；壮年者面阔耳大，天庭饱满，眉宇飞扬，间有髭须，显现出威猛善断的气质；佐俑面目清秀，态度恬静，善作谋略。俑的眼睛刻画较细致，不同的眼神表露出不同的内心世界，或双目圆睁，怒气冲冲；或眯眼含笑，神态平和；或眉清目秀，十分机警；或目光下视，文静腼腆。以眼神的细微变化表现性格颇为传神。

秦俑坑是一座古代军事宝库，也是一座艺术宝库。

# 马踏飞燕

西汉初年，由于多年的战乱刚刚平息，国力匮乏，将相们没有马骑，只能坐牛车。而此时北方的匈奴却逐渐强大起来，不断地骚扰汉王朝的边境，并侵入内地，掳掠人口和财物。汉高祖刘邦曾遭白登之围，险些成为匈奴的俘虏。汉代立国100多年，到汉武帝初期，匈奴一直是汉王朝北方的心腹大患。尽管汉家一位又一位公主出塞和亲，然而匈奴骑兵却年复一年地南下侵扰劫掠。汉家的步兵与战车斗不过匈奴那迅雷不及掩耳的骑兵。要战胜匈奴，非有强大的骑兵不可，但中原地区非但马少，且体质也比较孱弱。于是，获取良马便成为在这场战争中取胜的关键。马的问题和当时汉朝的军事政治紧紧地联系在一起。其次，寻找良马的努力又和丝绸之路的开拓联系在一起。

## 金马

匈奴的骚扰使汉武帝寝食不安，占卜之后，他得知必须从西域获得良马。于是，他指派著名的西域探险家张骞，再次手持汉节出使西域。张骞来到伊犁河流域的乌孙。乌孙与汉家通好，赠以乌孙骏马千匹，汉家称之为“天马”。在中西文化交流史上，正是这批天马的西来，标志着丝路的正式开通。在中国丝绸之路上旅行，沿途会听到许许多多有关天马的趣闻，看到种种天马的神异形象。在酒泉丁家闸的一处古墓中，画有天马行空的壁画。而敦煌则更是著名的“天马故乡”。相传，汉武帝的时候，这里的渥洼曾两次有天马从水中腾涌而出，后来献给了汉天子。话又说回来，乌孙马到了长安以后，汉武帝又得知大宛王在贰师城畜有善马，名曰汗血。据《史记》记载，汉武帝为了适应对匈奴作战的需要，决心从大宛引进良马。为此，他让工匠铸出一匹金马，送给大宛国王，希望换取种马。于是，汉使带了千金和金马，不辞万里，去大宛求购善马。没有想到，大宛王坚决拒绝。汉使大怒，椎碎金马，拂袖而去。汉武帝一怒之下，发重兵征讨大宛。兵临城下，大宛城危在旦夕，不得不求和。汉军终于得到大宛贰师城的善马数十匹，中等以下公母马3000匹。汉武帝对大宛马非常重视，特地下令在丝路沿途设置候马亭，以迎送大宛来的骏马。大宛马胜过乌孙马，所以改称乌孙马为西极马，而称大宛汗血马为“天马”。马匹的改善武装了汉王朝军队，使得汉朝在与匈奴的战争中逐渐处于有利的地位，最终一举将匈奴驱赶到漠北。汉武帝为纪念大宛马的西来，曾经诏令相马专家东门京铸大宛马铜像，立于鲁班门外，所以鲁班门又称金马门。据说，这匹金马在东汉的时候，从长安未央宫迁到洛阳的平乐馆。汉末大乱，这匹金马竟被贪婪残暴的军阀董卓化铜铸钱。

汉武帝茂陵西汉鎏金马：1981年5月汉武帝茂陵东出土，陕西兴平市茂陵博物馆藏。

不无欣慰的是，西汉金马还有一具，1981年5月，在汉武帝的茂陵附近出土问世了。它通体鎏金，灿然若新，成为丝绸之路的一个见证。鎏金铜马高62厘米，长76厘米，重22.5公斤。马身中空，两耳直竖，双目正视前方，肌骨强健，四足有力。马尾根部微翘，再弯成圆弧下垂。专家们根据马头双耳之间有剪成三棱形的角这一显著特点，断定这件鎏金铜马是依据原先西域的良马制作的。

这匹鎏金铜马埋在地下2000多年，至今仍筋脉清晰，光亮如新，是我国迄今发现的鎏金动物器形中最大、最完好，技艺水平也很高的稀世珍品。鎏金作为我国独创的工艺，它比镀金厚，却遮盖不住器物的线纹，保持器物原貌。这金马呈站立状，马体中空。造型朴实，体态匀称，肌骨均合解剖比例。鎏金铜马，是西汉时期铜马的上乘之作。但见它张口喷鼻，精干灵巧，已经没有秦马俑那种略显肥胖的缺点，充满了爆发力。在肌肉的处理上巧妙地利用了线的手法。整匹马在比例上也更加匀称，加上工艺的精湛和鎏金的光洁，看起来光彩夺目。如果说，长沙汉墓所出的《相马经》是世界养马史上有关马的外形学的最早著述之一，那么，这金马也堪称是世界上相马术的最早的铜铸标准马式了。这金马有一个特征很值得注意，即在两耳间生有一角状肉冠，比马耳还高。据《异物志》载：“大宛马有肉角数寸。”苏轼讲汗血马，也说“肉鬃汗血真龙种”。显然，肉角，肉鬃，当指马之肉冠。这一特征表明，这鎏金铜马就是根据大宛马的特征铸造的了。

### 霍去病

霍去病（公元前140—前117年），河东平阳（今山西临汾西南）人，卫青的外甥，汉武帝时期抗击匈奴的名将。霍去病善于长途奔袭，多次率军与匈奴交战，杀得匈奴节节败退。可惜英年早逝，去世时年仅23岁。

## 马踏匈奴

汉武帝时，西汉的国力已经大大加强，为了平息匈奴的侵扰，汉武帝决定派军反击，带兵出征的将领是霍去病，汉武帝封他为骠骑将军。在祁连山一带，霍去病率兵先后6次打败匈奴，立下了赫赫战功。不幸的是，霍去病在23岁时病逝了。汉王朝为了纪念他，修建了祁连山形的墓冢，墓前有大型的石人石兽，作为墓地装饰。如今，这些石雕陈列在墓前两侧的廊房里，是我国已发现的时代最早、保存最完整的大型石雕群。它们在世界早期的雕刻艺术中，也具有很高的价值。石雕群中，有驯顺动物，凶猛兽类，其中最精彩的一件是“马踏匈奴”。这件石马，表现的是和霍去病生死相依的马。霍去病在生前就是骑着这匹马征战厮杀，屡建战功。石马高1.68米，长1.9米，形态轩昂，英姿勃发。艺术家用动静结合的手法，形象地表现了汉帝国的强盛。一人一马，高度地概括了霍去病戎马征战的丰功伟绩。战马剽悍、雄壮、镇定自如，巍然挺立。匈奴仰首朝天，蜷缩在马腹之下，狼狈不堪，却仍然凶相毕露，面目狰狞，手持弓箭，企图垂死挣扎。作品通过简要、准确的雕琢，尤其是在马的腿、股、头和颈部凿刻了较深的阴线，把圆雕、浮雕、线雕等传统手法结合一体，既自由，又凝练，既保持了岩石的自然美，又富于雕刻艺术美。

马踏匈奴像：陕西兴平霍去病墓。

## 马踏飞燕

看到“马踏匈奴”，很容易使人想起汉代另一件有代表性的雕塑“马踏飞燕”。“马踏飞燕”是1969年在甘肃武威雷台的一座东汉墓中出土的。雷台是一个长100米、宽60米、高8米的高大土台，修筑于明代。明人利用一座汉墓的封土扩建而成这一土台。雷台的汉墓早年曾遭数次盗掘，但所幸尚遗有231件文物。其中铜制器物达171件，特别是成组的铜车马，为以往发掘中所少见。其中最为出色的作品是一件铜奔马，高34.5厘米、身长45厘米。奔马昂首挺胸，三足腾空，头微微左顾，右后足踏一飞禽，飞禽双目似鹰，展翅回首。关于这一飞禽的原型，最初被推定为燕。但是很多人注意到，飞禽的尾羽不同于燕尾的剪刀状分叉，所以不太像燕。从马与飞禽身体的比例来看，此禽个头比较大，而燕的个体要小得多。现实的鸟类中，双目似鹰，体形似燕，尾羽又不分叉的鸟就应该是隼。隼科中的燕隼形似雨燕，飞行迅速，其俯冲速度可以达到每秒80米，因此古代有“捷若鹰隼”的说法。这匹飞马以隼作衬托，表现了其奔跑的神速。体态造型，浑厚壮实，特别是头微左扬，长尾飘举，张嘴嘶鸣，这些细节的处理，给人一种神采飞扬、矫健俊逸的印象。以这件腾空飞驰的天马作为先导，其后为庞大的车骑队伍。“马踏飞燕”是中国青铜艺术的奇葩，出土之后，举世震惊，被誉为“绝世珍宝”，并被确定为中国旅游的图形标志。

马踏飞燕：甘肃武威雷台出土，甘肃省博物馆藏。

## 莫高窟

公元前2世纪，汉武帝派张骞出使西域，打开了通向中亚、西亚的陆上交通“丝绸之路”。千百年来，佛教从印度传入中国以后，除了翻译佛典以外，常常借用艺术的形象宣传佛教，与中华的传统文化融合，沿着丝绸之路留下了大量的石窟文化遗产。当时的敦煌是河西四郡之一，领有6个县，拥有4万人口，是河西走廊上一个新兴的城市。敦煌地处丝路南北三路的分合点，当年是一座繁华的都会，贸易兴盛，寺院遍布。莫高窟是

敦煌莫高窟风景区：甘肃酒泉市。

甘肃省敦煌市境内的莫高窟西千佛洞的总称，原意是指“沙漠的高处”。是我国著名的四大石窟之一，也是世界上现存规模最宏大、保存最完好的佛教艺术宝库。

莫高窟位于敦煌市东南25公里处，开凿在鸣沙山东麓断崖上。莫高窟不是一朝一夕形成的。现存最早的石窟大约凿于十六国时期的北凉时代。前秦苻坚建元二年（366年），一位法名乐僔的僧人云游到此，但见夕阳西下，鸣沙山上金光万道，状有千佛，他感悟到这里是佛地，于是萌发开凿之心，便在崖壁上凿建了第一个佛窟。因为建造在沙漠的最高处，所以叫莫（漠）高窟。后代建造不断，遂成佛门圣地。它是我国最大、最著名的佛教艺术石窟。莫高窟分三、四层不等，全长1.6公里。敦煌莫高窟现在尚保存有北魏、西魏、北周、隋、唐、五代、宋、西夏、元等朝代的石窟492个，壁画总面积约45000平方米，彩塑像2100多身。壁画大量描绘了人们生产活动的片断，如耕作、收获、伐木、射猎、饲养、加工、制陶、运输等；还保留了大量亭台楼阁、宫殿城池、塔寺、店铺、桥梁、水榭等古建筑形象和各种装饰图案、佛教事迹等等，构图精细，栩栩如生。窟内众多的艺术作品生动地反映了我国6世纪到14世纪的部分社会生活及艺术发展情况。它是目前世界上最长、规模最大、内容最丰富、保存最完整的画廊，是研究中国古代政治、经济、军事、宗教的极为珍贵的资料，被誉为“东方艺术明珠”。

石窟大小不等，其建筑形式可以分为三种：僧房（即禅窟）、塔庙、佛殿。塑像是石窟的主体，历经1500多年，保存有历代塑像3000多身，其中圆雕塑像2000余身，影塑1000余身。塑像高矮不一，或雄伟浑厚，或精巧玲珑，其造诣之精深，气魄之宏大，超出了人们的想象。壁画内容大多为佛经故事，如释迦牟尼一生和前生行善牺牲的故事；还有佛、菩萨、天王、力士、小千佛与供养人的画像和羽人、飞人、花鸟、动物等。壁画虽然历经千百年的风沙侵蚀，仍然色彩鲜艳，线条清晰，使人不得不赞叹古代艺术匠师们的精湛艺术和创造精神，反映了佛教传入中国1000年的历史。

中国石窟艺术源于印度。印度传统的石窟造像以石雕为主，而敦煌莫高窟因岩质不适合雕刻，故造像以泥塑壁画为主。整个洞窟一般前为圆塑，而后逐渐淡化为高塑、影塑、壁塑，最后则以壁画为背景，把塑、画两种艺术融为一体。北朝时期洞窟中主像一般是释迦牟尼或弥勒，主像两侧多为二胁侍菩萨或一佛、二弟子、二菩萨。塑像背部多与壁画相连，窟内顶部和四壁满绘壁画，顶及上部多为天宫伎乐，下部为夜叉或装饰花纹，中部壁画除千佛外，主要画佛传故事、本生故事和因缘故事。其中本生故事有割肉求鸽、舍身饲虎、九色鹿舍己救人等。提起敦煌，人们就会想到神奇的飞天。飞天，是佛教中能奏乐、善飞舞，满身异香而美丽的菩萨。飞天亦名香音神，早期为西域式，上身半裸，宝冠裙帔；晚期为中原式，秀骨清像，褒衣博带。唐代飞天丰富多彩，气韵生动，既不像希腊神话中插翅的天使，也不像古代印度神话里腾云驾雾的天女，中国艺术家用绵长的飘带使她们优美轻捷的女性身躯漫天飞舞。飞天是民族艺术的一个绚丽形象，体现了唐代浪漫高昂的时代精神。

隋唐为莫高窟全盛时期，隋代百窟塔样式由北朝的中央式改为中心佛坛，组像同前。唐出现一佛、二弟子、二天王或二力士的组合，塑像亦由早期的“瘦骨清秀”造型，重返“丰硕壮实”之貌。窟中壁画主要是大场面的说法图和简单的经变图。莫高窟最大塑像皆塑于唐代，第96窟大佛是莫高窟中最大的塑像。唐代壁画是多种经变图，其规模极为宏伟，表现出天国的壮丽图

20世纪初敦煌莫高窟藏经洞内景：1909年，法国人伯希和将搜劫到的敦煌卷子中的精品拍成照片带回中国。清人罗振玉根据影本，刊行《鸣沙山石室秘录》《敦煌石室遗书》等，并极力呼吁学部将敦煌石室残存的文书8000卷购下保存。后又以伯希和提供的遗书照片影印出版《鸣沙石室佚书》（1913年），收书13种；《鸣沙石室遗书续编》（1917年），收书4种；《鸣沙石室古籍丛残》（1930年），收书30种，从而奠定了敦煌学的基础。

景。石窟造像五代时已丧失生命力，宋代以后步入衰退的时期。自从明代修筑嘉峪关、弃守敦煌以后，莫高窟就风光不再、更加迅速地衰落下去。

莫高窟藏经洞的被人发现，充满传奇色彩。清光绪二十六年（1900年），道士王圆箓从酒泉来到敦煌，并靠自己化缘在此修建了一座道教的太清宫住了下来。王道士是湖北麻城人，光绪初年，因麻城连年荒旱，生活无着，逃荒至肃州（今酒泉），最初在巡防营当兵，后来退伍出家，拜师当了道士。他用募化来的布施钱，找了些当地很不高明的泥瓦匠，刷白了部分珍贵的佛教壁画，打碎了佛像，换成了道教内容，后因经费不足，才使其他洞窟免遭劫难。

清光绪二十六年农历五月二十五（1900年6月22日），王道士雇了一位名叫杨河清的书生在第16号窟内抄经。杨河清常用芨芨草点烟，点完以后便随手插入身后的墙缝，然而，有一次芨芨草竟意外地掉了进去。杨河清马上以旱烟管敲击，墙壁后发出空洞的声音。他马上将这一发现告诉了王道士。王道士便与杨河清合力打开泥墙，发现了一扇封闭的小门，打开小门以后才发现，里面有一间石室，藏有无数佛经，“神秘书库”始现于世，这就是后来被编为17号窟的“藏经洞”。

王道士打开藏经洞，但见三米见方的室内堆满了写本经卷、文书、织绣、绘画和佛像绢幡、印花织物、拓本等稀世古物，这些“神物”把王道士惊得目瞪口呆。

藏经洞里珍藏有文物资料5万多件。这些文物资料从359年至1002年间，跨越了十六国、北魏、隋、唐、五代、北宋等各朝643年。记载的内容，广泛涉及宗教、历史、文学、艺术、地理、民俗等各个方面。从文字的种类来看，除了大量的汉文以外，还有为数可观的吐蕃文、回鹘文、突厥文、于阗文、叙利亚文、西夏文和少量的梵文、粟特文、蒙古文等十几种文字。敦煌遗书种类大致分为佛教卷子、伪经、偈文、佛经目录、基督教文、志书、儒家经典、摩尼教经、状牒公文、古典文学作品（史诗、诗歌、曲子词、赞文、游记）、文体曲艺（音乐资料、乐舞意象、音乐文学、俗曲、剧本等）、世俗文学、算命、祭文、相书、解梦书、佛道符咒、风俗等及医药文献等类别，堪称大百科全书。

王道士不懂这些，他只需要钱。愚昧无知和贪得无厌的王道士使莫高窟在劫难逃，也使敦煌蒙羞百年。王道士发现藏经洞后，首先捡了几件自认为值钱的东西，送给敦煌知县汪宗瀚，请他鉴定，也希望能换点钱。汪毕竟对古物有些知识，就索取了一些文书和经卷，作为官场交结的“礼品”。自此，莫高窟秘藏古代手稿的消息不胫而走。同时也引来了一个又一个的外国“考察家”“探险家”，他们纷纷将魔爪伸向了莫高

《白衣观音图》：五代佛教绘画，绢本，发现于甘肃敦煌莫高窟藏经洞。

20世纪初，敦煌莫高窟下寺道观的住持王圆箓。1900年6月22日，王道士在莫高窟第16窟的甬道中，发现“藏经洞”，洞内文物有写本、刻本与刺绣作品等5万多件。

窟。从1905年到1924年，不到20年的时间内，先后有俄、英、法、日、美等国的“考察家”来到敦煌，盗走了三四万卷经书及许多珍贵的壁画、雕塑，给莫高窟带来了近乎毁灭性的灾难。

是谁将如此丰富的古代文献藏于这小小的洞窟之中呢？研究历史和佛教的学者们作出了各种推测。第一种说法认为：是莫高窟的僧人为躲避战乱，使经卷遗书免于战火而存放的。第二种说法认为：这些经卷遗书都是当时敦煌僧众抛弃无用的废品。因佛经众多，为尊重佛法佛典，这些用过的经品既不能丢弃，也不能烧毁，只好将它们放在这个石室里封存起来。

中国从20世纪40年代起成立了莫高窟的学术研究和保护机构；60年代对石窟进行了全面的加固；80年代开始，莫高窟进入了现代科学保护时期。

1961年敦煌被国务院列为国家重点文物保护单位，1987年12月被联合国教科文组织列入《世界文化遗产名录》。

# 第七章　建筑

赵州桥

寺庙

雷峰塔

故宫

九龙壁

# 建筑

## 赵州桥

人江南北的古桥，最长的，当推福建泉州的安平桥；最短的，则数杭州西湖的锦带桥。而位于石家庄市东南45公里处的赵县安济桥，则以最古老的敞肩石拱桥独占鳌头，更以高超的建筑科学价值而驰名中外，永留史册。

安济桥，坐落在赵县县城南洨河之上，因为赵县古称赵州，所以又称赵州桥，又因大桥以石块砌造而成，故当地俗称大石桥。安济桥是桥的正名，赵州桥是它通行的名称。1961年赵州桥被国务院列为第一批全国重点文物保护单位。1991年，美国土木工程师学会将赵州桥选为第12个国际历史土木工程的里程碑。

赵州桥建于隋代开皇十五年至大业元年（595—605年），由匠师李春监造，距今已有1400多年的历史了。桥梁结构坚固，雄伟壮观。全长50.82米，拱顶宽9米。大桥的设计完全合乎科学原理，施工技术堪称精妙绝伦。唐代中书令张嘉贞在《赵州大石桥铭》中说它“制造奇特，人不知其所为”。意思是说，赵州桥非常奇特，人们不知道它是怎么造出来的。从整体来看，这是一座单拱桥。拱长达37.02米，在当时可算是世界上最长的石拱。桥洞不是普通的半圆形，而像一张弓，桥面平坦宽阔，称为“坦拱”，兼顾了水陆交通，方便了车马运行。这一石拱是由28道宽度25至40厘米的拱圈纵向并列砌成，每道拱圈可以独立站稳，自成一体，既便于施工，又便于单独修补。这样大跨度的坦拱，桥台的水平推力很大，建造难度很高。而桥台却是既浅又小的普通矩形，厚度仅1.549米，由五层排石垒成。它的地基是承载力较小的亚黏土。在这样的地基上，用这样小的桥台，建这样大跨度的石拱桥，在世界上也是罕见的。

赵州桥：位于河北省赵县。

赵州桥在桥梁建筑史上占有重要的地位，对我国后代桥梁建筑有着深远的影响，尤其是“敞肩拱”的运用，实为世界桥梁史上的首创。而在欧洲，直到1883年，法国在亚哥河上修建的安顿尼特铁路石拱桥和卢森堡建造的大石桥，才揭开欧洲建造大跨度敞肩拱桥的序幕，比赵州桥晚了近1300年。赵州桥两端的四个小拱，既增大了流水通道，节省了石料，减轻桥身重量，又减少了对大拱的压力，增强了桥身的稳定性。它的单孔大石拱，不是像一般石拱桥做成多边形、尖形或半圆形，而是小于半圆的一段圆弧。这些结构既实用，又轻盈美观，有力地保证了赵州桥的承重能力，使赵州桥在1400多年的历史中，经受住无数次洪水的冲击，8次大地震的摇撼，以及日常的车水马龙。

赵州桥同时又是一件艺术珍品。它横跨洨河，宛如长虹飞架，巨身凌空，气势雄伟。弧形平坦的主拱线上，对称地轻伏着四个小拱，仿佛四个巨型花环，装饰在桥身两肩，轮廓清晰，线条明快，恢弘之中，透出矫健、轻盈的美感。大桥顶部，塑造出想象中的吸水兽，寄托大桥不受水害、永世长存的良好愿望；栏板和望柱上雕刻着精美的石雕群像，各式蛟龙、兽面、花饰、竹节等，尤以蛟龙最为精美。蛟龙或盘踞游戏，或登陆入水，变幻多端，神态极为动人。雕作刀法遒劲有力，艺术风格别致豪放。

赵州桥建成以后，不仅在四邻出现了敞肩拱桥，而且远离河北赵县之外甚至遥远省区也受其影响。其中最典型的一例便是位于赵县县城西门外清水河上的永通桥。

永通桥建造年代，由于没有原始资料，历来众说纷纭。据1986年从桥下出土的桥石构件和刻字考证，永通桥始建于唐代永泰初年（765年）。但桥下出土的物件的风格，很像隋代作品，于是也有人认为，永通桥和安济桥是同时建造的，或者说，永通桥的建造年代在隋末唐初。永通桥的结构形式，完全模仿赵州桥，因其修建时间晚于赵州桥（大石桥），而且形体又小，故人们将其称为小石桥。

永通桥也是一座单孔敞肩弧形坦拱石桥，全长32米，宽6.3米，主拱也采取纵向并列砌筑法，由21道纵清水河上的永通桥（小石桥）：位于河北赵县。

向并列的拱券石砌成，跨度26米，拱矢高约5.2米，桥面跨度很小，近于水平，极其便于车辆通行。在桥的大拱肩上设四个小拱，小拱与大拱幅度之比大于赵州桥，这是匠师因地制宜的创造性运用。

永通桥的雕刻非常精美，桥面两侧有方形座柱22根，在现存的栏板上，在各小券的撞券石上，都有精美的浮雕，画面生动逼真。所以，当地流传着这样一句话："大石桥看功劳，小石桥看花草。"大石桥（赵州桥）创敞肩坦拱之先，对世界桥梁史有重大贡献；小石桥（永通桥）步其后，则有装饰精美之巧，若干部分甚至超过大石桥。两桥同在一地，相距仅3公里，所以古人将安济桥与永通桥并称为赵州"奇胜"。

永通桥的修建承袭了赵州桥的许多优点，而且有许多标新立异的发展，和赵州桥一样，也在我国古代桥梁建筑史上占有重要地位。所以，1961年国务院将永通桥与赵州桥一同列为全国第一批重点文物保护单位。

## 寺庙

寺庙是宗教的直接产物，但是，寺庙从来就是多功能的：它是宗教的场所，又是艺术的殿堂。寺庙多半建在风景秀丽的地方，庄严肃穆，精美华丽，将建筑、雕塑、绘画、书法、文学凝结在一起。"天下名山僧占多"，佛教的寺庙几乎遍及中国所有的风景名胜。从佛教传入中国的西汉时期开始，中国就有了寺庙，开始了建立寺庙的历史。杨衒之的《洛阳伽蓝记》描绘了北魏时期洛阳寺庙林立的盛况；杜牧的诗句“南朝四百八十寺，多少楼台烟雨中”，使我们不难想象南朝佛教的繁荣。佛教在中国有两千多年的历史，建寺的活动也持续了同样悠久的岁月。到1949年前后，我国的寺庙总数有50000处之多。

## 白马寺

相传东汉的明帝曾经梦见从西方来了一位高大的金色的神，绕着宫殿飞行，第二天便召集大臣议论，这是什么神呢？学识渊博的大臣傅毅认为，陛下所梦见的金神或许就是西方的佛。明帝认为有道理，于是派使者去天竺（今印度、巴基斯坦一带）求佛。这些使者在大月氏遇见了迦叶摩腾和竺法兰两位天竺高僧，于是迎还洛阳，同时还用白马驮回了佛经和佛像。第二年（68年），为了报答白马一路负驮佛经的功劳，明帝派人营建了一座寺院，取名为白马寺。白马寺因此而有“中国第一古刹”之美称。

白马寺在今河南洛阳市老城东12公里的地方。寺前面有一对青石雕的白马，据说是宋代的遗物。山门里面东西两侧的柏树林内，有迦叶摩腾、竺法兰两位天竺高僧的墓。唐朝武则天的时候，曾经大修过一次。当时香火很盛，大小和尚多达1000人左右。以后元、明、清各代又都进行过修缮和增建。白马寺现存的寺宇面积约有四万平方米，寺内南北中轴线上有天王殿、大佛

白马寺印度庙：位于河南洛阳。

殿、大雄殿、接引殿、清凉台和毗卢阁等主要建筑。天王殿殿内刻有“风”“调”“雨”“顺”字样的四大天王像。清凉台据说是汉明帝纳凉读书之地，此台由此得名。现在还能看到四方的台基柱石。

寺外东南不远的地方有一座佛塔，名齐云。是一座平面呈方形的砖塔，13层，高24米。此塔建于金代大定十五年（1175年）。寺的西南有一遗址，名叫焚经台。据说，汉明帝建白马寺，引起道教徒的不满，他们提出要和佛教徒斗法。明帝下令建台，让两家一比高低。比试的时候，道家在东，佛家在西，各持本家经典用火来烧，结果道家的经典点火就着，佛家的经典完好无损。佛教胜利，道教徒羞愧下台。



大佛殿内悬挂有一口重2500公斤的明代大铁钟，声音洪亮。它与洛阳东门城楼上的大钟频率一致，只要白马寺钟声一响，城楼大钟便产生共鸣，故有“白马钟声，洛阳西应”之说。大雄殿内采用夹纻干漆方法制成的元代佛像，是洛阳现存最好的塑像，其中十八罗汉的造像工艺是目前国内最精致的一例。“夹纻干漆”是我国独特的制作工艺，以模胎外夹纻，涂以几遍干漆而成。寺内曾有一座高2.16米的弥勒菩萨玉石像，十分珍贵，可惜已被盗往美国。

白马寺北依邙山，南望洛河。绿树红墙，梵殿宝塔，庄严肃穆，清幽绝俗，历代为佛教圣地和游览名胜。

## 光孝寺

光孝寺在今广州市的北书北路。此地原为西汉南越王赵建德的故宅，三国时又成为东吴虞翻的苑囿。虞翻死后，他的家人舍宅作寺。该寺名称屡变，至宋绍兴十一年（1141年）才定名为“光孝寺”。这是岭南最早的古刹之一。

东晋至唐，印度的许多高僧曾到光孝寺讲律传法，对中国佛教和中外思想文化交流颇有影响。相传唐仪凤元年（676年），禅宗六祖慧能告别弘忍（601—674年，俗姓周，湖北黄梅人）后南下，先是隐居山中，15年后，出山来到光孝寺，听印宗法师讲经。法师讲的是《涅槃经》。这时，恰逢风吹，旗幡翻动，飒飒地响，一个僧人说是风动，一个僧人说是幡动，慧能说：“不是风动，不是幡动，是仁者心动。”满座皆惊。接着，慧能公开自己的身份，当即在寺中戒台前菩提树下受戒，开辟佛教南宗，称“禅宗六祖”。慧能开创了一代禅风，是佛教南宗的奠基人。

光孝寺大雄宝殿：广东广州。

现在寺内的建筑大多与纪念慧能有关。如六祖殿内2.5米高的慧能坐像，殿东碑廊内的六祖像等石刻，大殿后面埋藏慧能头发的瘗发塔，两层建筑睡佛阁下层的风幡等，都是我们研究禅宗六祖和南宗的重要文物。光孝寺的建筑雄伟壮观，为岭南丛林建筑之冠。大雄宝殿面宽35.63米，纵深24.8米，是广东最大的佛寺大殿。大殿的棱形大柱和层层挑出的斗拱相互衬托，具有唐宋的风格。东西铁塔建于我国五代南汉时期，是我国现存最古老的铁塔。西铁塔四角七层，每一层都镌刻佛像和宝莲花，后因塔殿倒塌，铁塔上面四层被毁。东铁塔与西铁塔形制相同，每层刻盘龙和佛像，其中1000多尊佛像遍体饰金，故东铁塔又称“涂金千佛塔”。

## 东林寺

净土宗也称莲宗，是中国佛教的一个宗派。它以《无量寿经》《观无量寿佛经》《阿弥陀经》和《往生论》为理论依据，宣扬信徒死后即往生阿弥陀西方净土，即佛国极乐世界。净土宗认为，人们所在的现实世界是“秽土”“尘世”，而佛居住的彼岸世界则是“净土”“佛国”。阿弥陀佛（梵文意为“无量寿”）所在的西方净土，没有苦，只有乐，所以最值得追求。怎么解脱现实苦难、往生净土呢？净土宗在实践中提倡快速成佛法，认为只要一心专念阿弥陀佛名号，死后便能往生净土。由于净土宗的修行方法比较简易，特别适合广大文化程度较低的民众的接受水平，所以中唐以后得到广泛传播，并与禅宗融合，成为我国信仰型佛教的主要形态之一。直到晚清时期，净土宗仍有一定的影响。

位于今江西九江庐山西北麓的东林寺，是中国净土宗的发祥地。四面群山环抱，景色优美，犹如人间仙境。东林寺属于我国江南最大寺院之一，在国内外都有巨大影响。

东晋太元元年（376年），名僧慧远在此建寺讲经，并创设莲社（白莲社），倡导“弥陀净土法门”，后世推崇他为净土宗始祖。国内外许多名僧都曾来此求经拜佛，西域佛界传诵的“东向稽首，献心庐岳”，就是对东林寺的一种虔诚膜拜。其后东林寺长盛不衰，殿堂巍然，香火不断。

唐朝时寺院规模达到极盛，有殿堂塔室310余间。灵澈禅师住持寺务时奔走筹资，建立寺院经藏，藏经10000余卷。扬州高僧鉴真东渡日本以前特来此寺，后来和该寺智恩和尚同渡日本传经讲学，因而慧远和净土宗的教义也随之传入日本。至今日本东林教仍以慧远为始祖，东林寺为祖庭。

明清以来，东林寺屡遭破坏，逐渐衰败。现在寺院的两道山门、四座佛殿，基本上都是清末建造的。寺内建筑以正殿神运宝殿最好，神运宝殿就是一般寺庙的大雄宝殿，在中国仅此一例。殿内供有释迦牟尼、文殊、普贤、阿难、迦叶等佛像，左右两殿是十人高贤堂、三笑堂。寺内的聪明泉、石龙泉、罗汉松等，都与慧远诵经传教相关。

东林寺准备做功课的和尚：1989年江西九江庐山。

寺前虎溪，自南向西回流，上有石拱桥，著名的“虎溪三笑”即源出于此。相传当年慧远专心修行，足不出户，每逢送客，无论贵贱，不过虎溪桥。当时的著名诗人陶渊明、山南道士陆静修与慧远相好，经常来寺谈儒论道。一次，三人畅谈终日，意犹未尽。慧远送陶、陆二人出寺，恋恋不舍，边谈边走，兴致很高，无意之中越过了虎溪桥，于是山中神虎大声吼叫起来，三人相视，突然醒悟，不觉大笑。儒、道、释三教各有宗旨，但这三人却如此投机契合，这段故事便也成为千古佳话，世人称之为“虎溪三笑”。

寺内还有一处胜迹，叫“聪明泉”。传说慧远和名士殷仲堪谈玄论道。殷仲堪谈锋甚健，口若悬河。慧远非常钦佩，指着寺内的一处泉水说：“君之辩如此泉涌。”后来人们讹传饮此泉水可使人聪明。这泉也就得名“聪明泉”。于是人们争着来喝饮此泉。

历代的达官显贵，文人墨客，无不以一睹东林为快，留下了大量的诗文墨宝，至今还有许多碑帖存留寺内。譬如李邕的《东林寺碑记》。

## 少林寺

少林寺坐落在五岳之一、今河南登封县城西北的嵩山南麓，面朝嵩山的第二峰少室山，背依五乳峰，始建于北魏孝文帝太和二十年（496年），因建寺前少室山麓丛林满野，故取名少林寺。少林寺是禅宗的祖庭，高僧辈出，译经众多，建筑宏伟，是国内外著名的佛寺之一。

当初，孝文帝建少林寺，是为了安顿印度僧人跋陀（即佛陀）居住传法。相传佛陀遥看嵩山，若一巨莲，便有莲花之上托佛寺的设想，就在少室山建寺，供给衣食。以后少林译经不断，声名越来越大。到孝明帝孝昌三年（527年），另一位印度僧人菩提达摩来到寺内。达摩在少林寺传授佛教禅学，后来被佛教推为禅宗初祖，少林寺也因此名重一时，成为禅宗祖庭，在中国佛教文化史上有其独特的地位。

今天的少林寺内有一块“达摩面壁石”，相传达摩面壁9年，年深日

嵩山少林寺山门：少林寺山门修建于清雍正十三年（1735年）。

嵩山少林寺初祖庵：河南登封“天地之中”历史建筑群。

久，身影竟因其心诚志坚而印在石壁之上。在长期打坐修炼过程中，为活动筋骨，发明了心意拳，经少林寺众僧徒演练充实，发展成为极负盛名的少林拳。禅宗的门人有惠可、道风、僧稠等，都是一代高僧。唐初，在消灭王世充兵乱中，擅长少林拳的寺僧救唐王李世民于危难之中，唐王大加赏赐，少林寺不但因此殊荣而得到大量庄田，而且获得了设立营盘、豢养僧兵的特权，寺院规模迅速扩大，殿宇楼阁上千，僧徒众多。后来少林寺几经兵火，几经重建，现存建筑有山门、方丈室、达摩亭、地藏殿、千佛殿和塔林等，占地面积30000平方米。山门额“少林寺”三字为清康熙帝亲书。千佛殿气势雄伟，内有明代《五百罗汉朝毗卢》大型壁画，约300平方米。殿中砖地上有许多凹坑，叫做站桩坑，据说是少林武僧练功跺脚所留下的痕迹。白衣殿内有少林拳拳谱、十三和尚救唐王李世民壁画。

寺西的塔林，是少林寺历代住持和尚的墓地，共有大小不同的砖塔、石塔230余座，是我国现存最大的墓塔群。德高望重的寺僧圆寂以后，将其骨灰埋在地下，在上面建一座塔。建塔的年代，最早的已逾千年，最晚的也有300多年。其中由元代日本僧人邵元撰文并书塔铭的菊庵塔以及天竺和尚塔，是中日、中印友好交往的历史见证。塔形多种多样，有圆的、方的、六角的、八角的，高低不一，反映了不同时代的建筑风格，是研究我国历代建筑的珍贵实物资料。

少林寺西北有初祖庵、达摩洞，西南有二祖庵。初祖庵的大殿建于北宋宣和七年（1125年），是河南现存最古老、价值最高的一座木结构建筑，它的修建，为的是纪念达摩面壁9年。二祖庵则是为了纪念二祖慧可。相传禅宗二祖慧可向达摩学佛，立雪断臂，终于得到了衣钵。徒众为纪念他，在他养伤的地方建起了此庵。

寺内现保存有自唐以来碑碣石刻300余品，大雄殿的遗迹前是一片碑林。其中以《太宗文皇帝御书》《大唐天后御制诗书碑》《唐太宗赐少林教碑》《少林寺碑》《乾隆御书碑》和米芾、赵孟頫、董其昌等历代名家碑刻最为珍贵，可谓塔碑密布，文物满寺。

## 雷峰塔

杭州的雷峰塔曾经是很辉煌的。北宋太祖开宝八年（975年），吴越王钱俶庆贺其宠妃黄氏得子，为祈保其母子平安而修建了一座塔，定名为黄妃塔（也称皇妃塔）。由于宝塔系砖木混合结构，又因建造在西关，即当时杭州罗城（城的外廓）的西城门（现在的位置大致在净慈寺一带），故又称为“西关砖塔”。可民间却因该塔建造在西湖南岸夕照山的雷峰之上，以地命名，惯称此塔为“雷峰塔”。久而久之，“黄妃塔”“西关砖塔”之名反倒被遗忘，“雷峰塔”却因为比较顺口而在民间流行至今。

1917—1919年的老雷峰塔：位于浙江杭州。

雷峰塔初建的时候是一座砖身木檐的楼阁式八面形宝塔。宝塔外环回廊，内有层梯可登。原拟塔身建造为十三层，后因吴越国面临覆灭，为人力财力所限，减为七层，但规模仍然甚为宏伟，金碧辉煌地屹立在众山环抱之中，真所谓“云烟影里现真身”。宋徽宗宣和年间（1119—1125年），雷峰塔曾遭雷击，造成塔顶部分受损。南宋高宗年间（1127—1162年），官府曾对雷峰塔进行过一次修复，并将塔身从原来的七层减为五层。1368年雷峰塔遭到一次火灾，环绕塔身八面的木廊角檐毁于大火，仅存孤塔本身。明代嘉靖年间（1522—1566年），倭寇入侵杭州时，怀疑雷峰塔内有伏兵，纵火焚烧，使宝塔木檐梯级毁于一炬。大火焚烧以后的雷峰塔变成了黄赤色。

相传在顺治四年（1647年），有一位

高僧见雷峰塔破败不堪，佛心大发，便云游四方募捐，用所集之款给塔身加上了一个木衣。但木衣经不住日晒雨淋，没过几年就腐朽剥落。从此残塔映照夕阳，寂然屹立湖畔。清康熙三十八年（1699年），皇帝南巡路过杭州，御书西湖十景，“雷峰夕照”由此成为西湖十景之中独树一帜的景点。

清代末年，雷峰塔渐渐歪斜，摇摇欲坠。究其原因，是当时人们迷信，以为塔砖有利于养育丝蚕，说是将一块雷峰塔的砖放置家中，必定平安如意，财源旺盛，逢凶化吉。因此，乡下的农民到雷峰塔前去观瞻时，都要偷偷地将塔砖挖一块带回家去，天长日久，塔基便逐渐被掏空了。

1924年9月25日下午1时40分，耸立了950年的雷峰塔终于挡不住日月的侵蚀和人为的摧折而倾覆了。杭城万人空巷，奔赴现场，群拥塔下拣砖觅宝。又据记载，古塔砖头分有字无孔和有孔无字两种，其中有孔的塔砖中藏有佛经《一切如来心秘密全身舍利宝箧印陀罗尼经》。经文上有吴越王钱俶的具名，年代确切可靠，是我国目前发现最早的宋初木刻印刷品。塔倾倒时，现场还发现很多其他珍贵文物。

在记载西子湖风景的各类书刊中，对“雷峰夕照”往往有很深刻的描绘。历代的文人骚客也留下了大量歌咏雷峰塔的脍炙人口的诗篇，一直流传至今。

白娘子是西湖所接纳的一具可爱的生命。她的故事虽然只是传说，却妇孺皆知。《白蛇传》的传说由来已久，白蛇是妖，又是仙，但成妖成仙都心有不甘。她的理想最平凡也最灿烂，就是要做一个普普通通的人，过普通人的平凡的生活。正因为她这一特殊的想法，使她成了传说中最具亲和力的人物。在某种意义上，雷峰塔名播万里正是因为它压着白娘子。当《白蛇传》中出现了雷峰塔后，一个悲怆的结局便无可挽回地产生了。

白蛇故事产生于民间。北宋《太平广记·李黄》和《清平山堂话本·西湖三塔记》都载有白蛇化作妇人，迷惑男子的故事。在这些话本故事中，白蛇是害人的妖精。元代有郝经《西湖三塔记》杂剧（已佚）。在明代田汝成《西湖游览志》中，白蛇故事已跟雷峰塔有了联系。据这本书介绍，当时白蛇故事已传播于民间说唱。至冯梦龙的白话小说《警世通言·白娘子永镇雷峰塔》集白蛇故事之大成，白蛇已从蛇妖变成了一个受人同情的女子。明人陈六龙据此改编为传奇《雷峰记》（已佚），后来又有陈嘉言父女的修改本。雍、乾之际，华亭（今上海）人黄图珌（1700—1771年?）创作的传奇《雷峰塔》问世，轰动一时。乾隆三十六年（1771年），方成培再加以改编，使这部传奇更趋完善。

杭州西湖雷峰塔：雷峰塔原建造在雷峰上，位于杭州西湖南岸净慈寺前。原塔共七层，重檐飞栋。

白娘子是一个多情女子，为救许仙甘冒万死去盗仙草，不计成败地与法海斗法。白娘子对许仙的斗争和争取，法海对许仙的争取，青儿对许仙的谴责，众多的矛盾集中在许仙的身上。关键是许仙的动摇，悲剧在于白娘子巨大的自我牺牲并未争得许仙的爱。许仙之求助于法海是对白娘子最大的伤害，许仙的动摇毁灭了白娘子，也毁灭了自己。最后法海把白娘子压在雷峰塔下，白娘子的悲剧命运引起了人们深深的同情。

## 故宫

故宫，又名紫禁城，它坐落在北京市的中心，为明、清两代的皇宫，在1420—1911年这491年间，从明成祖朱棣到清朝的末代皇帝溥仪，共有24位皇帝(明代有14位，清代有10位)先后居住在这座宫殿内。明代皇帝朱棣，以南京宫殿为蓝本，从大江南北征调10万工匠和数十万夫役，历经13年(1407—1420年)时间建成了故宫。这座气势非凡的明清两代的皇宫，是我国现存的最大最完整的古建筑群。这一举世罕见的古代建筑杰作，共有宫殿近9000多间，都是木结构、黄琉璃瓦顶、青白石底座，饰以金碧辉煌的彩画。

故宫由外朝与内廷两部分组成。外朝以太和殿、中和殿、保和殿三大殿为中心，东西以文华殿、武英殿为两翼。内廷以乾清宫(皇帝居住及处理政务之处)、交泰殿、坤宁殿为中心，东西两翼有东六宫、西六宫，辅以养心殿、奉先殿、斋宫、毓庆宫、宁寿宫、慈宁宫以及御花园等。这些宫殿沿着一条南北向的中轴线排列，并向两旁展开，南北取直，左右对称。这条中轴线不仅贯穿在紫禁城内，而且南达永定门，北到鼓楼、钟楼，贯穿了整个城市，气魄宏伟，布局严整，极为壮观。故宫的设计与建筑，是一个无与伦比的杰作，它的平面布局、立体效果，以及形式上的雄伟、堂皇、庄严、和谐，都可以说得上是罕见的。它标志着我们祖国悠久的文化传统，显示着五百多年前匠师们在建筑上的卓越成就。

故宫里最引人注目的建筑是三座大殿：太和殿、中和殿和保和殿。它们都建在汉白玉砌成的8米高的台基上，远远望去，犹如神话中的琼宫仙阙。第一座大殿太和殿是最富丽堂皇的建筑，俗称“金銮殿”，殿高28米，东西63米，南北35米，有直径达1米的大柱92根，其中6根围绕御座的是沥粉金漆的蟠龙柱。前有造型美观的仙鹤、炉、鼎，后面有精雕细刻的围屏。太和殿宽11间，进深5间，共55间。气魄雄浑稳重。殿内居中是一座两米高的小平台，摆着金漆雕龙宝座。座顶正中的金龙藻井倒垂着圆球轩辕镜。天花板绘龙戏珠图案，两旁耸立蟠龙金柱，座后是精美的围屏。整个大殿装饰得金碧辉煌，庄严绚丽。太和殿是明、清两朝举行大典的地方，新皇帝登极，颁发重要诏书，以及元旦、冬至、皇帝生日，发布新进士皇榜，都在这里举行。当皇帝升座时，殿前陈列的鹤、鼎、炉都升起袅袅香烟，缭绕殿宇。殿廊下的金钟、玉磬和笙、箫、琴齐鸣，跪在丹墀和广场的文武百官三呼万岁，充满了肃穆的气氛。中和殿是皇帝去太和殿举行大典前稍事休息和演习礼仪的地方。保和殿是每年除夕皇帝赐宴外藩王公的场所。保和殿是三大殿的末殿，大殿全部木结构和内檐彩画，都是明代万历年间的原物，殿内也设宝座。

北京故宫太和殿：故宫太和殿是故宫中最大的宫殿，民间俗称“金銮殿”。

文华殿是明朝皇太子读书的地方。明、清两朝的皇帝春秋两季在这里讲学。文渊阁是清朝收藏图书的地方，是宫内的图书馆。传心殿建于清朝初年，殿里供奉伏羲、神农、黄帝以及尧、舜、禹、汤、文、武、周公和孔子的牌位。

北京故宫中和殿：中和殿初名华盖殿，明永乐十八年（1420年）建，嘉靖时改名中极殿，清顺治二年（1645年）始称今名。

太和门西侧的建筑以武英殿、南薰殿为主。武英殿在文化史上相当有名。清朝在这里集中了一些文人学者编辑书籍，著名的《四库全书》《佩文韵府》《古今图书集成》等都是在这里设局编辑的。这里不仅编书，而且印书，雕制了木刻活字版，就是有名的聚珍版，或称殿版，字体美观，校勘翔实，纸墨精良，聚珍版的图书具有很高的版本价值。

故宫建筑的后半部叫内廷，主要建筑是乾清宫、交泰殿、坤宁宫。这三座宫殿的两边是东六宫和西六宫，也就是人们所说的“三宫六院”，是皇帝平日办公和他的嫔妃居住生活的地方。乾清宫正中也设有宝座，分东西暖阁，是明、清两朝皇帝的卧室。前朝后寝，分工明确，不得随便逾越，体现了中国自古以来等级分明、内外有别的伦理观念。后半部在建筑风格上不同于前半部。前半部建筑形象是严肃、庄严、壮丽、雄伟，以象征皇帝的至高无上。后半部内廷则富有生活气息，建筑多是自成院落，有花园、书斋、馆榭、山石等。在坤宁宫北面是御花园。御花园里有高耸的松柏、珍贵的花木、山石和亭阁。名为万春亭和千秋亭的两座亭子，可以说是目前保存的古亭中最华丽的了。

乾清宫正殿悬挂着“正大光明”巨匾。这四个大字是清朝入关后第一位皇帝顺治御笔亲书的。封建统治者表面上标榜光明正大，暗地里却勾心斗角，清朝皇子之间夺取皇位的斗争是相当激烈的。自雍正朝开始，为了缓和这种矛盾，雍正皇帝采取了秘密建储的办法，即皇帝生前不公开立皇太子，而秘密写定皇位继承人的文书，一式二份，一份放在皇帝身边；一份封在“建储匣”，和皇帝秘藏在身边

北京故宫保和殿：保和殿建成于明永乐十八年（1420年），初名谨身殿，嘉靖时遭火灾，重修后改称建极殿。清顺治二年（1645年）改为保和殿。

的一份一同验看，由被秘密指定的继承人来即皇帝位。这个方法是康熙发明的，雍正将其制度化，使其更加完善。到了清代后期，由于咸丰皇帝只有一个儿子，同治和光绪皇帝没有儿子，这种办法也就无需使用了。

在乾清宫曾经举行过两次千叟宴。一次在康熙六十一年（1722年），一次在乾隆五十年（1785年）。第二次规模最大，年龄在60岁以上的有关人员3000多人参加了乾隆皇帝举办的宴会，其中大臣、官吏、军士、民人、匠艺等各种人都有。乾隆皇帝当时还召一品大臣和年龄90岁以上的到御座前赐酒，并赐予每人以拐杖及其他物品。宴会上联句赋诗，共和诗3400多首。显示“普天同庆，共享升平”的气象，以标榜盛世，安抚民心。

在清代，乾清宫还是皇帝死后停放灵柩的地方，不论皇帝死在什么地方，都要先把他的灵柩运到乾清宫停放几天。按照规定的仪式祭奠以后，再停到景山寿皇殿等处，最后选定日期正式出殡，葬入河北省遵化县的清东陵或易县的清西陵。乾清门西侧有几间矮屋，显得有些简陋，这里是军机处。军机处经常由军机大臣值班，每天都可能被皇帝召见，由皇帝授意，草拟谕旨，权力在内阁之上。

“正大光明”匾额：北京故宫乾清宫。

天安门，它是紫禁城外围皇城的南门，过了天安门，越过端门，迎面就是高大的午门。午门是故宫的正门。午门上有五座楼，人们习惯叫它五凤楼。明、清两朝，冬天在这里颁发次年的历书，遇有大规模出征或凯旋献俘，皇帝就在这里发布命令或受俘。明朝臣子获罪，往往要受“廷杖”，就在这里挨打。

1911年辛亥革命推翻了满清统治，结束了2000多年的封建王朝，但废帝溥仪仍居住在故宫后半部分。1912年将外朝辟为“古物陈列所”。1924年11月5日冯玉祥部将鹿钟麟把溥仪驱逐出宫。1925年10月10日成立故宫博物院。1948年将古物陈列所并入故宫博物院。1949年以后，政府对这座古代建筑和文物进行了大规模修整，并整理展出大批文物，使其成为一座举世闻名的古文化艺术博物院。并在西华门内成立第一历史档案馆，专门从事整理政府和宫廷的档案。

1961年，国务院颁布故宫为全国重点文物保护单位。故宫的整个建筑金碧辉煌，庄严绚丽，被誉为世界五大宫之一（北京故宫、法国凡尔赛宫、英国白金汉宫、美国白宫、俄罗斯克里姆林宫）。1987年，故宫正式被联合国教科文组织作为文化遗产列入《世界遗产名录》。

## 九龙壁

中华民族一向被誉为龙的传人，龙的胜迹在中国到处可见，其中尤以龙壁最为壮观，它将建筑空间艺术、石雕艺术和晶莹的琉璃瓦装饰装修艺术有机地结合在一起，给人留下深刻印象和艺术享受。

我国最享盛名的九龙壁有：山西大同九龙壁、北京北海九龙壁和北京故宫九龙壁。

### 大同九龙壁

朱元璋第十三子朱桂生于洪武七年（1374年），于洪武十一年（1378年）受封为豫王，洪武二十四年（1391年）农历四月十三改封为代王，成为九个塞王之一；次年十月就藩于大同。朱桂家族终明一朝，虽然几经波澜，但始终地位显赫，经久不衰。据《明史·朱桂传》载，自朱桂始，传至五世四王时，“封郡王者凡二十有三”。

朱桂所建的代王府，规模宏大，气势雄伟。王府坐北朝南，呈长方形，中轴线上前有九龙照壁，进门以后依次为端礼门、承运门、承运殿、崇信门、存心殿、长春宫、广智门；东边由南向北依次为广赡仓、长寿宫、望宗楼、清暑殿、宗庙、燕居之殿、后殿等；西边进戟门，左有社稷坛，右有风云雷雨山川坛、大成之殿，过穿廊为谨德等殿。整个王府占地面积达175950平方米，金碧辉煌，屋宇错落，回廊曲折，是一所完整煊赫的王城府邸。现今的东华门、西华门、皇城口、石宰门正是当时王府四门的遗址。

九龙壁位于城内大东街（和阳街）的路南，坐南朝北，建于洪武二十五年（1392年）至二十九年（1396年）。壁身东西长45.5米，高8米，厚2.02米，在我国现存三座九龙壁中，建筑年代最早、最高、形体最大、最巍峨壮观、最富艺术魅力。壁身主体图案是九条巨龙翻腾飞舞于惊涛骇浪水雾云气之间，称为“九龙戏水图”。据说很早以前，呼风唤雨全靠一条龙承担。这条龙一年四季奔走不歇，虽然日夜辛苦，毕竟精力有限，不能满足天下全国各地要求风调雨顺的愿望。于是，此龙就向玉皇大帝启奏，要求多派几条龙帮助它行雨。玉帝准奏，调遣了八条巨龙归它指挥。天下百姓无不欢呼，便在龙王庙摆下好酒好菜，让九条龙享用。九条龙吃得大醉，醉后失控，行下倾盆大雨，大地上洪水泛滥，老百姓叫苦不迭。大雨过后，又一连数月干旱，河干井涸，庄稼枯死，老百姓怨声载道，哀呼：“一龙治水风调雨顺，九龙治水旱涝不均。”呼声惊动天庭，玉帝便传旨将八条龙分到了东、南、西、北和东南、东北、西南、西北八方，将头龙封在中土，让其监望八方，各龙负责各方的行雨事宜，谁渎职，就惩罚谁。这便是九龙壁上雕刻“九龙戏水图”的原意。

说起代王府九龙壁的来历，有这样一段故事：有一次，代王在燕王那里看到王府门前新修了一座琉璃九龙壁，非常羡慕，于是他向燕王要了九龙壁的图样带回大同。回大同以后，代王立即把怀仁吴家窑琉璃匠吴氏父子三人召来，命他们烧造龙壁。

半年以后，九龙壁建成。端礼门外张灯结彩，鼓乐齐鸣。代王朱桂、老将军徐达及其女儿代王妃徐氏登上城楼凭栏观赏，果然高大雄伟，辉煌夺目。九龙壁结构整体使用孔雀蓝、绿、正黄、中黄、浅黄、紫等色，全壁由426块特制烧造琉璃构件拼砌而成。壁底部为须弥座，中部为壁身，上部为壁顶。须弥座的束腰部的75块琉璃砖上镶有两层琉璃兽。第一层是象、狮、虎、鹿、飞马、麒麟、狻猊等形象；第二层是小型行龙。这些琉璃兽姿态各异，跃然壁上。须弥座上平托9条琉璃壁龙，整个壁身的下部是青绿色的汹涌波涛，上部是蓝色的云雾和黄色的流云。巨龙之间，云雾、流云、波涛、山崖和水草，五彩斑斓，蔚然壮观。正中心是一条坐龙，为正黄色。此龙正对着王府的中轴线，昂首向前，目光炯炯有神，注视着端礼门，龙身向上卷曲，龙尾伸向后方。中心这条龙的两侧是一对浅黄色龙，为飞行之龙。第二对龙为中黄色，形态与第一对龙大致相同，形成了基本对称的图案。第三对龙为紫色，为飞舞之龙，神情凶猛暴怒，大有倒海翻江之势。第四对龙（两端的龙）呈黄绿色，神采飞扬，气宇轩昂。壁身整个正面9条巨龙伸爪抱珠，捕风弄雨，盘曲回绕，体态雄健，色彩绚丽，栩栩如生。壁顶为仿木构单檐五脊顶，由62组琉璃斗拱承托，正脊脊顶两侧有高浮雕的多层花瓣的莲花及游龙等图案，两端是龙吻、戗首，为龙首造型。飞椽、额枋均雕镂得细致、逼真。龙壁东西两端分别是旭日东升和明月当空的图案，并衬有江崖海水，流云纹饰。壁前倒影池长34.9米，宽4.38米，深0.8米，由石栏围绕，中有一石桥相连，这在国内也不多见。

关于这个倒影池的修建，在大同至今还流传着一个传说：九龙壁建成后的一天，代王站在端礼门楼上，扶栏欣赏。忽然雷雨交加，有两个霹雳飞向九龙壁，在龙壁前砸开了一个大坑，在龙壁后不远的金泊仓巷内劈出两眼深泉。清冽的泉水中分别腾跃着一黄一黑两条巨龙，昂首向龙壁前大坑中喷注清泉。远看坑口，似有九

山西大同九龙壁：系明代朱元璋第十三子朱桂的王府照壁。全壁由426块特制烧造琉璃构件拼砌9条巨龙而成。

龙飞舞嬉戏，妙不可言。代王遂令将水坑修成倒影池，将二泉修成二井。这两口井也很奇特，其水一甜一苦。从此倒影池便成为九龙壁不可分割的一部分了。1649年，大同总兵姜襄反清兵败。在清军疯狂的“屠城”和“斩城”中，曾经显赫一时、权倾雁门的代王府被付之一炬，化为一片瓦砾之地，而王府的照壁——九龙壁却免于劫难，有幸被保存下来，成为今天的一件珍贵的历史文物。



## 北海九龙壁

在北京北海北岸天王殿西，有一座仿木结构的彩色琉璃砖影壁。系清乾隆二十一年（1756年）时仿大同九龙壁而建。全壁上下、前后、左右共有635条形态各异、出云入水的飞龙，其中南北两面各有9条奔腾在云雾波涛中的蛟龙浮雕。影壁用424块预制的七色琉璃砖砌筑而成，表现了清代琉璃结构建筑高超的艺术水平。

这座九龙壁原是大圆镜智宝殿真谛门前的影壁，后来，大殿被火烧了，却留下了这座影壁。该壁色彩绚丽，古朴典雅，吸引了许多游人和观光客。

人们可能会认为，九龙壁上只有9条龙。但见过北海九龙壁的人便知道，这座九龙壁的两面各有9条龙，共有18条大型浮雕蛟龙奔腾在云雾波涛之中。它们姿态各异，栩栩如生。

除了影壁前后的这18条蛟龙外，九龙壁正脊前后

北京北海九龙壁（局部）：九龙壁建于1756年，位于北海体育场南面，清代遗物。全壁用琉璃砖烧制，两面各刻9条蟠龙，飞舞腾翔于波涛云气之间，造型生动，色彩鲜艳。其实九龙壁不只是18条龙，加上壁的正脊、垂脊、筒瓦头、陇垂等处镶嵌的龙，总数是635条，它是中国琉璃工艺建筑中的珍贵作品。

的瓦当、陇垂、瓦檐的斗拱间都镶嵌着各式各样的龙，有人统计，一共有635条龙。

如果说中国现存的三座九龙壁中最大的是山西九龙壁的话，最好的就数北京北海公园这一座了。北京故宫和山西大同的九龙壁都是单面有龙，而北海公园的九龙壁是双面各有9条龙，是中国古琉璃建筑艺术的珍品。

## 故宫九龙壁

故宫九龙壁建于清乾隆三十六年（1771年）。与大同、北海九龙壁的粗犷浑朴不同，故宫九龙壁以玲珑婀娜取胜。据说乾隆皇帝十分喜爱九龙壁，就下令在宁寿宫前建了这么一座照壁，被誉为“独具匠心的艺术精品”。

从影壁的装饰上看，故宫的九龙壁应该是三座九龙壁中最华丽的了。它的总长29.4米，总高3.5米，是一座矮而长的大型影壁。除壁座为石料建造外，壁身、壁顶全部都由琉璃砖瓦拼贴而成。壁顶采用四面坡的庑殿顶，除屋脊两端各有正吻以外，在长达20多米的脊上有9条琉璃烧制的行龙，左右各4条，都面向中心的一条正面的坐龙。坐龙的四周满布黄色的云朵。8条行龙前各有一颗白色的火焰宝珠。简单的一条正脊，经过这样的装饰也显得十分华丽而醒目。壁身是这座九龙壁的主要部分，在巨大的壁身上安排着9条巨龙，姿态各异，左右也不对称：有的是行进中的行龙，有的是昂首向上的升龙。每条龙龙身盘曲，龙爪舒展，充满着动态的力量。龙身之间夹插着峻峭的山石、飘浮的云纹和起伏的水浪，9条巨龙便腾跃飞舞于这一片水浪、云山之间。

从影壁的色彩上看，9条蟠龙分别采用黄、蓝、白、紫、橙五种颜色。中央坐龙为绿色，左右各4条，依次为蓝、白、紫、橙4种颜色，龙身以外的底子是蓝、绿色的云纹、水浪和山石，以及白色和黄色的火焰纹。这样的色彩配置，使得九条龙体和火焰宝珠在青绿色的底子上显得十分醒目。传说在安装一条白龙的琉璃塑块时，工匠们摔坏了一块。一位木匠灵机一动，连夜用木料雕成龙腹，刷上白漆，瞒过了检查。

北京故宫九龙壁：故宫九龙壁正面共由270块琉璃塑块拼接而成，照壁饰有9条巨龙，各戏一颗宝珠，背景是山石、云气和海水。

值得注意的是，这面面积达40平方米的琉璃壁面是由270块琉璃砖一块块地拼接而成的。由于壁面图案复杂，没有任何两块琉璃砖的画面相同。这样，在制造过程中，首先要进行整幅画面的设计和塑造，然后精心地加以分块，每一行块与块的接缝上下要错开，还要尽量使接缝不要落在龙头上，以保持龙头形象的完整。这些图案不同、高低有别的270块塑块都要涂上色料，送进琉璃砖窑烧制出色彩不同的琉璃砖，然后将它们按次序一一拼贴到壁身上去；拼贴时务使块与块之间上下左右的花纹要吻合，色彩要一致，连接要牢固，最后才能得到一座完整的九龙影壁。

# 第八章　王陵

- 黄帝陵
- 马王堆汉墓
- 七十二疑冢
- 昭陵
- 定陵

# 王陵

## 黄帝陵

中国人自称炎黄子孙，意即炎帝和黄帝的子孙。在《山海经》《楚辞》和《庄子》等先秦古籍中，记录着许多有关黄帝的故事。黄帝姓姬，号轩辕氏，是中原各族的共同祖先，远古时期的伟人。人们把很多发明创造归功于黄帝，说他制衣冠，造舟车，营蚕桑，创文字，建医学，定音律，演算数。这当然只是神话传说而已。事实上，古代的发明无一不是集体的发明，其中必定是凝结了无数人的心血。据说黄帝平定战乱，统一了黄河中下游各部落，奠定了中华民族的最初文明，所以黄帝被尊称为“人文初祖”。后人为铭记黄帝的恩德，在陕西、甘肃、河南、山东、河北等地都修建有纪念性的陵墓，以陕西省黄陵县城北一公里桥山上的陵墓最为著名。中国人有不忘祖、不忘根本的传统，所以全民族始祖黄帝的地位是十分崇高的。

黄帝陵是中华民族始祖轩辕黄帝的陵寝，被称为中国第一陵，位于陕西省黄陵县城北一公里处的桥山之巅。陵冢高3.6米，陵园周长48米，有砖墙围护。园内古柏参天，一派庄严肃穆的气氛。千百年来，每逢清明节、重阳节，来此拜谒、祭祀的人络绎不绝。

桥山的西南麓有黄帝庙，始建于唐代宗大历七年

黄帝陵轩辕殿：陕西省延安市黄陵县。

（772年），总面积约8000余亩。门额上大书“轩辕庙”三字。黄帝庙呈四方形，庙门朝南，气势雄伟，南面立明代刻的“桥山龙驭”四字石碑一块，再南有郭沫若书“黄帝陵”石碑，再后有清乾隆四十一年(1776年)陕西巡抚毕沅所立的“古轩辕黄帝桥陵”石碑一块，书法苍劲雄健。庙院内有大殿，面门额上悬挂着中国现代史学家陈桓书“人文初祖”匾额。大殿神龛内有用墨玉刻制的黄帝浮雕像，中间安放着巨大的黄帝牌位，上书“轩辕黄帝之位”。庙院内的“黄帝手植柏”，相传为黄帝亲手所植，距今4000余年。巨柏高19米，树干下围10米，被誉为世界柏树之父。另有一株稍小的古柏，鳞斑点点，相传汉武帝于元封六年（公元前105年）冬北巡朔方（今河套地区）到桥山祭奠黄帝陵时挂甲所致，故名为“挂甲柏”，又名“将军柏”。庙内有一碑亭，里面保存了宋至明各代所立的许多碑石，内容主要是历代帝王御制祭文和历代修葺陵庙的碑刻。院内还有“黄帝脚印”和“夸父追日石”等景观。山上有古柏8万余株，其中千年以上古柏3万余株，是我国最大的古柏群。在陵的南侧还有两座高约10米的大土台，相传为汉武帝祭礼黄帝的祈仙台，登上土台可观桥山全景而俯仰祖先遗德，故称“汉武仙台”。

关于黄帝的死葬，历史文献资料记载不一。西汉史学家司马迁在《史记·五帝本纪》中记载：“黄帝崩，葬桥山。”桥山的黄帝陵至今已有两千多年的历史，历代帝王在清明节经常会派祭陵钦差前往祭扫，民国期间国民政府多次派官员祭奠，1937年以林伯渠为代表的中央政府到黄帝陵举行了隆重的祭扫典礼。孙中山、毛泽东等人的题文碑刻分布于院内及碑亭中。尤其引人注目的是1998年、2000年清明节，由香港特别行政区首任行政长官董建华亲笔题写的“香港回归纪念碑”及澳门特别行政区首任行政长官何厚铧亲笔题写的“澳门回归纪念碑”在庙内落成，为庙院增添了新的景观。

1961年，国务院公布黄帝陵为第一批全国重点文物保护单位，并多次进行整修。新建的庙前广场、山门、印池、轩辕桥等掩映在绿树红花、湖光山色之间，使黄帝陵更显庄严、肃穆、古朴、典雅。

# 马王堆汉墓

1972年1月16日，在中国考古学史上，是一个值得纪念的日子。这一天，马王堆汉墓正式开始发掘。清理完多达2万多方的封土以后，专家们迅速找到了墓口。墓口长19.5米，宽17.8米，如此宏大规模的汉墓当时在湖南尚属仅见，专家们的心情极为振奋。但是，很快就传来一个发掘墓葬时最不愿听到的消息——发现了盗洞，而且还是两个，一个呈方形，一个为圆形。3月底，人们终于见到了一层灰色的白膏泥，依照以往所知汉墓的惯例，墓主人的椁室在即！用了一整天清除白膏泥层后，人们又移走了白膏泥层之下包裹木椁的一层厚厚的木炭，据统计，这层木炭约重5000公斤，竟装满了整整4辆解放牌大卡车！4月12日，考古专家们用钢棍撬开椁室第一层盖板和边框，开始全面揭开椁室。四天四夜“战斗”在工地，终于将4个边箱内随葬的1000余件文物转移至博物馆中。这时，墓底距离墓口已达20余米，怎么将重达几十吨的棺木安全地移至地面上来呢？长沙汽车电器厂应邀进驻马王堆。工人们用角钢焊接成一个大吊篮以盛装两层棺，然后再用绞车一点一点往上吊。伴随着绞车发出的吱吱呀呀的声音，吊篮的缓慢上移，现场人们的心也提到了嗓子眼。当两层巨大的漆棺终于慢慢地放置在地面上时，发掘现场爆发出雷鸣

马王堆汉墓一号墓出土的黑地彩绘棺：湖南省博物馆藏。棺的外表，以黑漆为地，彩绘复杂多变的云气纹以及穿插其间、形态生动的神怪和禽兽，表达了墓主死后升仙的愿望。

般的欢呼声。仔细观察棺盖，树龄达2000多年，年轮很清楚，疏密不等，年轮密，表示气候干燥；年轮疏，说明降雨丰富。气象学家据此绘出5000年前至2000年前的降水图。在棺和椁之间，发现大量帛画、帛书、竹简、木牍和地图。其中帛书《老子》甲本和乙本是迄今所发现的最早的《老子》册传本，《五星占》是最早的天文学著作。棺椁一层层地打开，在内棺的盖上覆盖着一幅彩绘的帛画，是葬仪中用的铭旌，长205厘米，上宽92厘米，下宽47.7厘米。自上而下分成三部分：上面是天堂，中间是人间，下面是地府。移开内棺的盖，一具包裹严密的尸体赫然在目。女墓主安置在层层相套的四层棺内，女尸皮肤呈褐黄色，润泽有弹性，脸型方圆，头缀各种贴金叶的漆花木饰，头发稀疏，下半部缀连假发，作盘髻状，内插发笄。脸上覆盖两件酱色锦帕。双手握绣花香囊，内盛香草，身着丝绵袍和麻布单衣，足蹬青丝履，双臂、双脚用丝带缚着。她身上共包裹着18层丝、麻衣衾，捆扎九道组带，再在其上覆盖印花敷彩黄纱锦袍、“长寿绣”绛红绢绵袍。开棺时，女尸浸泡在约80公升的无色透明棺液之中。但开棺不久，棺液就变成了棕黄色，奇臭。木椁中的边箱里装有许多珍贵的文物，有漆器、丝麻织品、陶器、兵器等等。其中两类东西特别让人惊奇：一类是保存得很好的食物，包括粮食如稻米、大小麦，其中有被做成米饭、饼等熟食的，也有用布袋盛着的；各种果蔬有甜瓜、枣、梨、梅、藕等；其中一盘藕片，稍稍一碰，就立刻变成了粉末！原来藕片早已风化，只是保持原形而已。后来中科院气象研究所得知这一情况以后，得出判断：长沙地区2000多年来没有发生过两级以上的地震。还有禽兽肉如牛、羊、兔、鸡、鹊、鲤鱼等，它们多被制成羹或菜肴，盛放在漆木鼎或竹桶中；此外还有装在陶器中的糖、蜜、酱、盐等调味品和酒。另一类是各种丝织品和衣物，除了15件相当完整的单、夹锦袍及裙、袜、手套、香囊和巾外，还有46卷单幅的绢、纱等，薄如蝉翼的素纱禅衣和绒圈锦，我们可以看到当时的丝织水平，已经不在今人之下。

墓主人是谁呢？苍天不负有心人，在三四天之后，人们终于在椁板的缝隙中发现了三枚印章，即

漆案与食具组合：湖南长沙马王堆汉墓出土。

一枚“利仓”玉质私印和“轪侯之印”“长沙丞相”两枚鎏金铜印。这三枚小小的印章，一下子解决了马王堆墓群的墓主人问题，即2号墓为西汉第一代轪侯利仓，结合其他出土文物，可以肯定1号、3号墓的主人分别为利仓的夫人和儿子。长期以来有关马王堆汉墓墓主人的种种争论至此迎刃而解。轪侯夫人不仅外形大体完好，而且内脏器官亦基本保持完整。经过专家们的解剖及多学科研究，轪侯夫人心、肺、肝、脾等胸腔和腹腔内的各类器官均外形较为完整，且相互间位置关系基本正常，只是略有缩小和变薄的现象。脑部缩小更为严重，仅为原来的一半，且已呈“豆腐渣”状。经过检测，她的血型为A型，曾经生育过子女，曾患有许多疾病，其中最为严重的当属冠心病，她的左冠状动脉一部分管腔几乎完全阻塞，全身多处动脉粥样硬化。同时，她还患有严重的多发性胆石症，部分肝内胆管扩张，多处管腔内存有结石，最大的结石有如蚕豆般大小。此外，专家们还在她的直肠和肚脏内发现有鞭虫卵、蛲虫卵和血吸虫卵。由于她脂肪丰满，皮肤上又无褥疮的痕迹，专家们作了一番推测，她在食用甜瓜后不久，可能是由于胆绞痛的急性发作而导致急性心肌缺血，很快便离开了人世。在历经2100多年的沧桑岁月之后，轪侯夫人尸体的皮肉等软组织和内脏仍相当完好，其保存时间之长，质量之好，在世界尸体保存记录中均是极为罕见的。它一经面世，当即受到各方广泛关注，并被誉为世界医学史上的奇迹，专家们对其保存的原因也加以深入研讨。一般认为，轪侯夫人的尸体保存之好的最主要原因就是尸体深埋、木炭和白膏泥的封护使椁室与外界彻底隔离开来，从而使其内部形成恒温、恒湿、缺氧及无菌的环境。

# 七十二疑冢

曹操的墓本来不是谜，但从宋代起就无人知道曹操墓的确切所在，并有了曹操设有七十二疑冢的传说。

其实，曹操生前对自己的丧葬有明确的指示，他死前一年多，就在《终令》中称："西门豹祠西原上为寿陵，因高为基，不封不树。"临终前的《遗令》中更是明确指示：要穿平时的衣服入葬，不要珠宝陪葬。他的儿子曹丕、曹植都有文章描述葬礼和入殓的情况，交代了安葬的地点在邺城之西，晋代文人陆机、陆云作品中也有关于曹操丧葬情况的介绍。司马懿、贾逵等人的传记里有他们护送曹操灵柩到邺城入葬的记载。

史料显示，由于丧葬从简，过了没几年，曹操墓上的祭殿就毁坏了。唐代的时候，人们对曹操墓的位置还没有什么疑问，唐太宗李世民曾为曹操墓作祭文。但是，曹墓没有随葬金玉器物，对于盗墓者没有什么吸引力，再加上没有封土建陵，没有植树，几个朝代之后，曹墓的位置便无人知晓了。虽然曹墓的位置在史书上有记载，但现实之中没有人知道曹操墓的所在。从北宋开始，曹操被定型为奸雄，其墓址不详也成了他奸诈的一个证明。邺城以西有北朝墓群，被传为曹操的七十二疑冢。明代长篇历史小说《三国演义》第七十八回里说，曹操临终的时候，又遗命在彰德府讲武城外，设立疑冢七十二，"勿令后人知吾葬处，恐为人发掘故也"。借着《三国演义》的巨大影响，七十二疑冢的传说传播得越来越广。蒲松龄《聊斋志异》中有一篇《曹操冢》点

古邺城遗址的"三台胜境"和曹操雕像：河北邯郸临漳县邺镇镇三台村。曹操（155—220年），字孟德，一名吉利，小字阿瞒，沛国谯（今安徽省亳州市）人。东汉末年著名的军事家、政治家和诗人，三国时代魏国的奠基人和主要缔造者，后为魏王。其子曹丕称帝后，追尊为魏武帝。

出曹操墓可能在其设的七十二疑冢之外，更显示出其诡诈。随着这些杰作的流传，有关曹墓的传说也就更加扑朔迷离了。

昔日的邺城在今河北省邯郸市临漳县一带，曹操墓引发了当地一些文物工作者、文史工作者的极大兴趣。近人邓之诚《骨董琐记》中记载，1922年磁县农民崔老荣发现过一个古墓，其刻石所叙为曹操，刻石由县署保存。邯郸市的考古工作者对这一线索进行了专门的核实，结果没有找到可靠的依据。

邯郸市历史学会会长、著名的北朝史研究学者刘心长1998年发表了《曹操墓研究》一文，受到了国内外的普遍关注。刘心长用有力的证据，将寻找曹墓的范围缩小到十几平方公里之内，有理由相信，揭开这一千古之谜已经为期不远。

刘心长的主要依据包括：曹操生前对自己墓葬位置的明确指示，《遗令》中说要其后人“时时登铜雀台，望吾西陵墓田”，经实地考察，这一带处在从铜雀台一带登高西望所见的最好位置；这里地势较高，漳河不能灌溉，土质较差，至今这里不少土地仍难以耕作，符合曹操《终令》中“古之葬者，必居瘠薄之地”的要求；《三国志》《晋书》等正史中都有曹操葬于这一带的有关记载；从选墓的古代堪舆学理论，这一带也适于建造帝王陵墓。他还认为当地的地名如武吉、西曹庄、朝冠、东小屋、西小屋等也与守陵和祭祀有关。

临漳县文物保管所近来征集到后赵建武六年（340年）的石刻，上面刻有西门豹大夫刻像、西门豹祠堂重建时间、面积、官吏参加者等重建西门豹祠的一些情况，曹操《遗令》《终令》中都说要葬在西门豹祠附近，西门豹祠就成了曹操墓最重要的一个参照物。有人说，曹魏时期西门豹祠的资料目前尚未发现，这一石刻是目前全国唯一一件反映西门豹祠情况的实物，虽然不是介绍曹魏时期西门豹祠情况，但距曹操去世只有120年，其中提到的西门豹祠殿基应该是曹魏时西门豹祠的旧址。这一石刻是

曹操墓发掘工地：河南安阳县安丰乡西高穴村曹操高陵。

20多年前在河南安阳市安丰乡出土的，由在当地打工的临漳时固村村民运回临漳村中放置，征集时才引起人们注意。由此推测西门豹祠位置应该在石刻出土的河南省安阳市安丰乡境内，而与西门豹祠相近的曹操墓也应在安丰乡一带。

河南省安阳市文物部门也在安丰乡出土了后赵时期的鲁潜墓志，其上记载鲁潜是葬在曹操墓的西北角，这也可说明曹操墓可能位于河南安丰乡。经过不懈努力，人们已经越来越接近这个千古之谜。

## 昭陵

昭陵是唐太宗李世民的陵墓，是陕西关中“唐十八陵”中规模最大的一座，位于陕西省礼泉县东北22公里九嵕山的主峰上。九嵕山，山势突兀，峰峦挺拔，沟壑纵横，山环水绕，有泾水环绕其后，渭水萦带其前，海拔1888米，南隔关中平原，与太白、终南诸峰遥相对峙。根据文献记载，昭陵建筑时，在南面山腰凿深75丈为地宫，墓道前后有石门5重。墓室内设东西两厢，列置许多石函，内装随葬品。五代军阀温韬盗掘昭陵，“从埏道下见宫室制度，宏丽不异人间”。我们不难想象昭陵当年规模的宏大和建筑的绚丽。

陵园周长60多公里，总面积20000余公顷，被誉为“天下名陵”和世界最大的皇家陵园。从唐贞观十年（636年）太宗文德皇后长孙氏首葬，到开元二十九年（741年），昭陵的建设持续了107年之久，地上地下遗留了大量的文物。昭陵是初唐走向盛唐的实物见证，是我们了解、研究唐代社会难得的文物宝库。

陵园以寝宫为中心。四周回绕墙垣，四隅建立楼阁，北为玄武门，南为朱雀门，西南是陵下宫，或称皇城。以皇帝陵为中心，陵前庞大的陪葬墓群呈扇形分布，这是昭陵的主要特征之一。陪葬墓群的范围很广，主要分布在九嵕山陵寝东、西、南三面。初步认定有陪葬墓167座。其中，李世民的嫔妃和公主的墓多在寝宫附近的山上。臣僚的墓中，较有名气的有魏征、李靖、李勣、房玄龄、尉迟敬德等功臣的墓。

昭陵的墓志碑文，堪称初唐书法艺术的典范，或

唐太宗昭陵：昭陵依九嵕山峰凿山建陵，开创了帝王依山为陵的先例。

隶或篆，或行或草，多出自书法名家之手。欧阳询、褚遂良、李治、王知敬、殷仲容、赵模、高正臣、畅整、王行满、李玄植的书法，争奇斗艳，精彩纷呈。昭陵陪葬墓的壁画，多为唐代现实生活的写照，又不乏浪漫主义色彩，其用笔，或奔放泼辣，或遒劲有力；其用色，或简洁明快，或细腻精致，人物造型无不形神兼得，栩栩如生，在唐墓的壁画中，也是上乘之作。昭陵陪葬墓出土的大量彩绘釉陶俑，工艺精湛，造型优美，色彩绚丽。

石刻艺术是昭陵的重要组成部分，不仅构成了陵园雄伟的气势，和谐的美感，而且展示了唐初灿烂的石刻艺术。举世闻名的“昭陵六骏”浮雕，原置于陵园北面祭坛东西两庑内。“昭陵六骏”是唐太宗李世民开创大唐帝业时所乘过的6匹骏马，它们都曾伴随李世民在削平群雄的战场上纵横驰骋，献出了自己的生命。为了告诫子孙创业的艰辛，同时也是对与他相依为命的六匹骏马的怀念，李世民在贞观十年（636年）诏令画家阎立本先把“六骏”形象画出，然后令工艺家阎立德刻在石屏上，置于昭陵北麓祭坛之内，又命书法家欧阳询写赞语在石板的右上角。6匹骏马，威风凛凛，英姿

唐太宗昭陵碑：碑文对昭陵的建造、墓葬及陪葬进行了介绍。

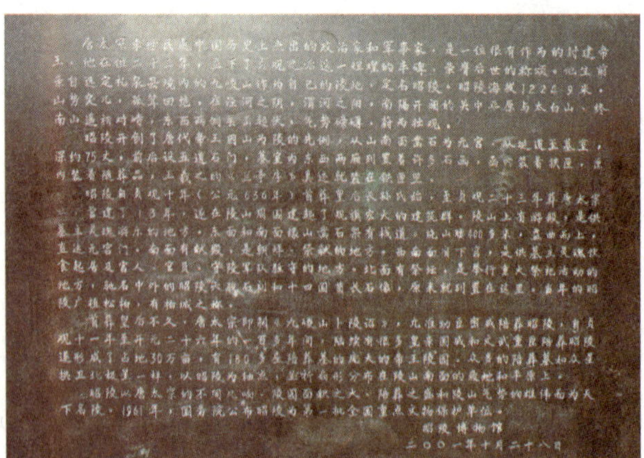

飒爽，雕刻在高2.5米，宽3米的青石板上。鲁迅先生赞誉说："它是前无古人的。"1914年美国商人勾结国内古董商将昭陵六骏中的"飒露紫"和"拳毛䯄"盗卖，现藏在美国费城宾夕法尼亚大学博物馆。另外四骏即"特勒骠""青骓""白蹄乌""什伐赤"，古董商又勾结美国商人将其打成块企图装箱盗卖运往国外，后被爱国民众发现追回，现收藏在陕西省博物馆。

## 定陵

明代的皇帝非常迷信风水，对陵墓的选址十分重视。明太祖朱元璋建都南京，称帝以后的第二年就下诏在江苏泗州为其祖父修建祖陵，在安徽的凤阳为他的父亲修建皇陵。他自己的陵墓叫孝陵，在南京东郊紫金山的南麓。后来永乐皇帝从他的侄儿建文帝那里夺得皇位，将京都迁到北京。

永乐以后，明代有13座帝陵都在现在北京市昌平县东北的天寿山南麓，人称"明十三陵"。东、西、北三面群峰耸立，景色壮观秀丽。十三陵以永乐的长陵为中心，左右排列，形成相对集中的陵区。定陵埋葬着神宗万历皇帝朱翊钧和他的两个皇后——孝端皇后和孝靖皇后。万历皇帝是明代的第十三个皇帝。他是明代著名的昏君，挥霍无度，不理朝政；但是他在位的时间却长达48年，接近半个世纪，是明代在位时间最长的皇帝。一个昏君，在位时间又这么长，这就种下了明王朝后来灭亡的祸根。定陵基本上仿照他的祖父嘉靖皇帝的永陵建造，只是更加的奢华。

万历十一年（1583年），朱翊钧22岁的时候就开始为自己选择陵址。经过了一年多反复的勘察和比较以后，终于确定了小峪山为吉壤，并改"小峪山"为"大峪山"。建陵工程在万历十二年（1584年）的十月破土动工，至万历十八年（1590年）竣工，历时6年。竣工以后，年仅28岁的万历皇帝在地宫里喝酒庆贺。

1956年至1958年，十三陵中的定陵得到了有组织的科学的发掘。在长陵接连勘察了三天，打了几个探眼，没有找到墓道，因为长陵实在是太大了。这时候，发掘工作队队长赵其昌（后来的首都博物馆馆长）建

北京十三陵定陵博物馆：定陵博物馆是为定陵而建的遗址性专题博物馆。

议，先发掘一个小一点的陵墓，积累一些经验，然后再考虑长陵的发掘。他的建议得到了夏鼐的支持。5月的一天，工作队来到了定陵。发现定陵宝城的城墙塌陷的地方，有一个直径为半米的圆圆的洞。大家十分高兴，立即通知夏鼐，研究以后，猜测这个圆洞可能是通向玄宫的入口。后来的事实证明，这一猜测非常正确。就这样，发掘的目标由长陵变成了定陵。研究以后，开始挖第一条探沟。第一条探沟的收获是发现了隧道，这是当年万历梓宫进葬时的通道。宝城的周长大约750米，如果沿着隧道向前掘进，工程量就太大了，于是，考古队决定挖第二条探沟。第二条探沟挖到了砖隧道的尽头，收获是发现了一块小石碑，碑上写着“此石至金刚墙前皮十六丈深三丈五尺”。隧道在小石碑处转折，转向宝城的中心。根据小石碑的提示，又挖了第三条探沟，非常准确地打到石隧道。石隧道长约40米，由南北两道大墙组成。墙由光滑绚丽的花斑石砌成。在万历的梓宫进葬以后，石隧道用黄土填实，层层夯打。每层大约0.25米。石隧道的尽头是金刚墙。金刚墙有56层墙砖，厚1.6米，高8.8米。金刚墙上，一个封口隐约可见，这个封口有城砖23层，这就是所谓的“金刚门”。从金刚门再进去就是万历皇帝的玄宫。

从1956年5月19日考古队在定陵挖出第一锹土，

到1957年5月19日发现金刚门，恰好花了整整一年的时间。打开金刚墙的历史时刻，被拍成了电影。那是1957年9月19日的晚上。隧道内灯光闪耀，如同白昼。夏鼐一声令下，墙砖便被撬开一角，一声闷响，一股黑色的浓雾喷射而出。这是地宫中积攒了300多年的腐烂气体。气体逐渐消散，由黑变白，最后变成缕缕的烟气。赵其昌戴着防毒面具首先跳了进去。接着，又下去几个人。电光照耀之下，只见两扇高大的石门矗立，洁白如玉。玄宫的大门用整块的汉白玉做成，大约有4吨重，高3.3米，宽1.7米。面上雕刻有九排门钉和衔环的铺首。上下门轴都是就原石雕成，石门的制作不仅精美，而且非常科学。靠门轴的一边比较厚，大约是0.4米；靠铺首的一边比较薄，大约是0.2米。这样的设计，增加了门轴的承受力，又减轻了石门下垂的重量。虽然每一扇门有2吨重，但开关起来仍然十分轻便。门内有石条死死地顶住，使外人很难打开。这确实是非常奇怪的事情。是谁将石条放进去的呢？放好以后，又是怎么出来的呢？殉葬的宫女不可能做这件事情，她们都是被杀死以后，和皇帝、皇后的梓宫一起埋葬的。是否还有别的通道，让工人们将门堵死以后，然后再从那条通道里出来呢？显然也不太可能。后来，工作队在古代的文献中得到了启发，原来石条是靠在门后的槽里，在石门关上的时候，石条随着门的关闭逐渐地倾斜，石门全部关上的时候，石条也就滑到门的中央，把门牢牢地顶死。道理弄清楚以后，办法就想出来了。考古队用钢筋做了一个拐钉，顶端弯成半个口字形。将它插进门缝，渐渐地往里伸，门后的石条一点点地移动起来。最后石条移开，大家一起用力，将石门推开。这只是进入玄宫的第一道门，接着又陆续地打开6道门。一座地下宫殿出现在考古队的面前。

玄宫分前殿、中殿、后殿与左右殿，总面积1195平方米。全部用石材起券构筑。各殿之间有甬道相通。

孝端后宝座：北京十三陵定陵博物馆。孝端皇后王氏，明神宗皇后，名喜姐。原籍浙江余姚，生于京师。定陵地宫中殿为安放宝座之地，正中靠内侧一组为“万历帝宝座”，两侧分别为“孝端后宝座”“孝靖后宝座”，表达了帝后们希望在阴间继续享受生前待遇的愿望。

前殿和中殿的地面上铺的是方形的澄浆砖，也就是一般所说的金砖。金砖是御用品，在江南地区烧造。据文献记载，制造金砖的工艺非常复杂。制砖的泥土要长期的浆泡、过筛、摔打，使砖土里一点气泡也没有。一窑金砖要烧130多天。出窑以后还要在桐油里浸泡。金砖的细腻光滑，是一般的砖难以比拟的。后殿和左右的配殿铺的是花斑石。地宫的中殿有三座供案，用汉白玉制成。案的靠背和两边的扶手雕刻着龙凤花纹，四周是浮雕云纹。案前有一口大瓷缸。里面装着香油和灯芯，称为长明灯。灯芯的上端有烧过的痕迹。后殿是放置梓宫的地方，比其他各殿更加宽敞、高大。皇后的棺椁本来应该放在配殿，但是，两个配殿都是空的。两个皇后的棺椁都放在后殿，和万历皇帝的棺椁放在一起，这是什么原因呢？原来通往配殿的甬道过于狭隘，皇后的棺椁过不去，只好都放在后殿了。后殿是地宫的中心，东西宽大约9米，高9.5米。中间有汉白玉制成的棺床，棺床上放着三口棺椁。中间自然是万历皇帝，左边是孝端皇后，右边是孝靖皇后。两侧有26个箱子。万历皇帝是想永垂不朽，可是，考古队员揭开棺椁一看，那万岁爷早已变成一具骷髅，只有头发还保存得比较好，上面还插着几根金簪，嘴上的几根黄胡须依稀可见。皇帝头戴金色的翼善冠，身穿龙袍，腰里一条玉带，脚上一双长筒靴，埋葬时是仰面朝天的姿势。经过检验，万历皇帝的身高不过1.64米，血型是AB型。

定陵出土的文物非常丰富。有帝后的冠服、金器、银器、铜器、瓷器、谥册、谥宝、金元宝、银元宝等3000多件，制作细致、精美绝伦，其中许多是稀世珍宝。万历皇帝的翼善冠金碧辉煌，精美绝伦，是宝中之宝。随葬品中还有孝靖皇后的一件“洒线绣蹙金龙百子嬉戏女夹衣”。图中的百子围绕着金龙，各具情态，无一重复。

# 第九章　化石

动物化石
恐龙化石
植物化石
石恐龙蛋
北京猿人

# 化石

什么叫化石？化石分遗体化石、遗迹化石和遗物化石。遗体化石就是古生物的遗骸，如骨骼、牙齿，如植物的根茎叶，埋藏在地层中，经过了漫长的岁月，变成了石头。遗迹化石是古生物留下的痕迹，如恐龙的脚印之类石化而成，遗物化石指古生物的粪便之类石化后的产物。

化石是凝固的历史，其中埋藏着极其珍贵的信息，我们可以从中获悉古生物的种类，以及它们当时的生存环境，从而进一步研究生物进化的历史过程和演变的规律。

## 动物化石

### 最古老的两侧对称动物化石

2003年中科院南京地质古生物所陈均远研究员等人在贵州瓮安前寒武纪地层中，首次发现两侧对称动物化石。这是最古老的两侧对称动物，距今大约5.8亿年。

动物的进化经历了由海绵动物——双胚层辐射对称动物（包括腔肠动物）——三胚层两侧对称动物的发展阶段，其中从辐射对称动物到两侧对称动物的演化，是生物进化过程中的一个重大的事件。这一进化意味着一系列遗传基因的创新，并由此促进生命的形态、行为向更加复杂的阶段加速地发展。这一发现将生物进化史上的一个重要阶段——两侧对称动物化石记录的历史前推到了寒武纪之前4000万年。这项成果对破解真体腔动物的起源之谜提供了重要的线索，具有十分重要的科学意义。

陈均远等人经多年深入细致艰苦的研究，终于发现了10块迄今最古老、保存完好精致的两侧对称动物成体化石。这个最古老两侧对称动物化石标本，仅有0.2毫米，虽然很小，却保存了一对体腔等两侧对称构造。

动物剖面的外胚层、内胚层和完全中胚层清晰可见。在它的消化道前端有一个向腹部张开的口，紧接口部的咽道由多层构造的咽壁所包绕。这一动物构造的复杂性显示出其已处于成年期的发育阶段。

研究发现，这种动物主要生活在浅水潮下的活跃的水流中，为了避免被水流卷走，这些动物隐居在海底岩屑之间的空隙内，通过位于腹前端的口在咽部肌肉的协助下，以吮吸方式从周围吮取有机养料。陈均远等人认为，这种隐居在岩屑空隙及吮吸取食方式，很可能是早于食草性和潜穴方式的一种更古老的生态方式。

## 软体动物化石

湖北省宜昌市宜都市南桥村红花套中学的一位初中生覃昌盛，在放学的途中发现一些“螺纹钢”式的小石头，便捡了一些回家。这里正在修公路，放炮炸出了一段高20多米、长100余米的断层，这些小石头便是来自那些断层。村民以为是“龙骨”，便向宜昌市文联副主席王作栋报告。王作栋便邀请中国地质科学院宜昌地质矿产研究所教授徐光洪前往南桥村考察。

经徐光洪认定：所谓“龙骨”是4.6亿年前的软体动物化石。此断层共发现了五种化石：一是腹足类平旋螺化石，外形如螺纹钢；另外的四种是头足类化石。这些生物出现在奥陶纪中奥陶世早期，距今已有4.6亿年以上，这些生物比恐龙要早3亿多年。从古生物化石可以证明，宜都南桥一带4亿多年前曾是一片汪洋大海。

## 云南澄江帽天山动物化石群

帽天山隐藏着世界上最丰富、保存最完整的早寒武纪动物化石群，被人们称为中国古生物学的研究圣地，自云南大学教授侯先光于1984年发现第一块化石以来，帽天山的神秘面纱便一层一层地揭开了。以帽天山为中心的澄江动物化石群中已发现了动物化石180种，最令人兴奋的是，其中148种动物是在全世界从未发现过的。这148个化石模式标本分别珍藏在中国科学院南京古生物研究所、云南大学、西北大学、云南省地

帽天山虫化石：寒武纪（5.3亿年前），产地：云南澄江。广西柳州博物馆古生物化石陈列馆。

质研究所和澄江动物化石群博物馆。这些化石是地球生命“寒武纪大爆发”理论最有力的实物例证。在澄江动物化石群新发现的148种动物中，有110多种发现于帽天山。

帽天山不仅有大量的海绵动物、腔肠动物、腕足动物、软体动物和节肢动物，还有很多鲜为人知的珍稀动物，其中有些动物化石难以归入已知动物门类；而现今生存的各种动物，都能在澄江动物群找到它们的祖先。更可贵的是，这些化石动物的软躯体保存得非常完整，90%以上还保留了诸如眼睛、附肢、口器、消化道及其中的食物等软体组织印痕，其姿态千奇百怪，为研究寒武纪早期动物大爆发及这个时期动物的解剖构造、功能形态、生活习性等提供了最重要的实物依据，对推动我国在研究生命起源、进化理论等方面实现重大突破和创新更是具有非凡的价值。

## 恐龙化石

恐龙是远古时代的一种巨型爬行类动物，恐龙的出现离现在大约有两亿两千万年，最后一批恐龙绝灭于6500万年以前。它们在地球上生活了1亿6千万年，正是地球史上的所谓中生代时期。恐龙化石的发现使黑龙江流域的一个边境小县嘉荫成为世人瞩目的地方。

嘉荫在哈尔滨市东北方向约550公里的地方。1902年，一位俄国的上校在嘉荫县的龙骨山上意外地发现一些动物的骨骼化石，于是将其掘出并带回俄国。这些化石引起了一些古生物学家的关注，经过反复的研究，最终确定其为恐龙化石。我国学者将其命名为“满洲龙”，这是在中国发现的第一具富有科研价值的恐龙化石。这具恐龙化石现在陈列于俄罗斯圣彼得堡的地质博物馆。

1991年的夏天，嘉荫县农民在挖沙子时挖出了一个巨大的黑褐色的骨骼化石，鉴定结果表明，这些化石就是鸭嘴龙的化石。2002年7月，黑龙江省地质博物馆派出4位工程师，再次深入调查，并决定对当地恐龙进行发掘。在当地人的帮助下，掀开了一块近40平方米的地层，于是这批恐龙化石赫然显现在世人面前。

2004年，经过考古人员20多天的工作，6条个体恐龙化石在云南省元谋县被发掘出土，其中两条恐龙化石保存比较完整。这次发掘出土的恐龙化石有两类：一类是属于距今约1.8亿年左右的侏罗纪早期的原蜥脚类恐龙化石，一类属于距今约1.6亿年左右的侏罗纪中期的蜥脚类恐龙化石。这次发掘的恐龙化石，最大的个体长度近20米，小的个体长8米左右。这些恐龙化石埋藏在紫红色的砂岩中，地层表面被风化质地疏松，但内里仍比较坚硬。各个发掘点出土的恐龙躯干、四肢、尾椎、腿骨等化石保存比较完好，在一个发掘点从高处可以全面看到一条各部位保存相对完整的恐龙化石，令人联想到当年一条恐龙正弯着尾巴匍匐在山坡上。

恐龙化石：现存内蒙古博物院。内蒙古地区曾经生活着大批恐龙，是重要的恐龙化石产地。

内蒙古是中国中生代白垩纪地层分布最为广泛的地区之一，是国际上瞩目的晚白垩纪恐龙化石的重要产地。从数量来说，内蒙古的恐龙化石居全国之最。中国最大的恐龙也是在内蒙古发现的。1985年在内蒙古发现的查干诺尔龙，全长26米，肩高7.7米，体重大约有60吨，生活在白垩纪早期。自1998年以来，内蒙古地质古生物研究中心先后对锡林郭勒、阿拉善、鄂尔多斯、巴彦淖尔4个盟市的6个恐龙化石产地、近5000平方公里的白垩纪地层进行野外普查和分析研究，发现了一批重要的恐龙化石和恐龙足迹化石，初步了解了该地区古地理环境和化石的埋藏规律。

在云南的禄丰中三叠世地层中出土的芦沟龙化石，是我国发现的最小的恐龙，高仅1.5米，与一只鸵鸟的大小相似。

# 植物化石

## 世界首例竹类植物化石

2004年，竹类植物化石在云南省保山市龙陵县勐河电站建设中被发现，这是世界首例竹类植物化石。这一发现证明：云南是世界竹类植物的发源地。

龙陵竹类化石层范围约20米长，10米宽，有3至4米厚，叠压在一起，距地表2米以下。化石以竹类植物为主，此外，伴有多种阔叶植物。化石的形状非常完整，竹根、竹竿、竹节、竹叶保存完好，颜色呈灰褐色。尤其令人欣慰的是化石上的竹叶，脉络清晰，形状完整。化石层的剖面上可以看到许多竹管。

地质学专家认为，龙陵竹类化石属于碳酸沉积岩，在化石中属较年轻的一类，估计大约在20万年至40万年间。

## 世界最早的开花植物化石

中国地质博物馆辽西分馆陈列着世界上最早的开花植物化石“辽宁古果”。1997年4月，孙革、郑少林等植物学家在辽西的北票发现了一批辽宁古果的化石。开始是一些碎片，后来又找到一些完整的果枝化石。他们从1000多块标本中，找出8块辽宁古果化石。它们有点类似木兰花，尚处在从裸子植物向被子植物转化的过程之中。

从植物进化的历史来看，开花是植物进化过程的一座里程碑：距今35000万年前，植物有了种子。而开花则是距今14200万年前的事情。最初的花朵没有美丽的色彩和吸引昆虫的花瓣，但这已经是了不起的进步。到了5500万年前，植物便进化出色彩美丽的花瓣、香气和花蜜，来吸引昆虫和动物帮助它们传播种子。

2004年11月，在福建龙山采石场仓库外面的石壁上，发现大量植物的图案。最高的石壁前有一些植物的图案，根茎清晰，叶子的边沿则显得有些模糊。这些植物图案，墨黑色，远远地看去，犹如一幅幅水墨山水画。它们显然是同一种类的植物，分布极不均匀。在左侧石壁的最高处，有一株长约2米，宽1.5米的植物图案。整个分布面积约达1000平方米。龙山植物化石的发现，可以为推测厦门岛的形成时间提供重要理论依据。

辽宁古果：辽宁古果生存年代为距今1亿4500万年的中生代，比以往发现的被子植物早1500万年，被国际古生物学界认为是迄今最早的被子植物。现藏于河南地质博物馆。

2003年，河南省郏县茨芭乡清泉村南天成洼水库北岸，意外地发现一处植物化石群，面积1000多平方米。在现场随便捡起一块石头，就可以清晰地看到上面有树枝、树叶的印痕，有单片的，有成沓的，叶脉逼真。大一点的化石，可以看出树木的年轮。

在水库的西岸，有一块化石，非常大，状如巨蛙。外形好像万年的古树，斑驳不清，细细一看，上面密布有大小不一的树叶、树干的印痕。在“巨蛙”的左侧处有一洞，洞内可见一些钟乳石。“巨蛙”左上侧处的化石，还可以看出是一棵大树的外形，从年轮看，有54圈，树干长3米。在水库岸边放牧的清泉村一位81岁的老人说，这里本来还有两尊狮子般的化石，听说是用炸药炸开后拉走建花园假山用了。真是太可惜了。

## 石恐龙蛋

恐龙的化石之中，恐龙蛋对于研究恐龙的繁殖和绝灭两大问题具有很大的意义。恐龙蛋多是出现在中生代的侏罗纪和白垩纪地层中。在中国，至今发现的恐龙蛋化石在时代上几乎全是白垩纪晚期。这其中，有成窝产出的，也有单个出现的；既有长形的，也有圆形、椭圆形和橄榄形的，形状多样，形形色色。尤为可贵的是，这些恐龙蛋化石之中，有的蛋很完整，壳没有破；有的却是空蛋壳，是小恐龙孵化过后留下的。

蛋比骨骼一类的东西更脆弱，因而也更难形成化石，但部分恐龙蛋还是在6500万到1亿年以后奇迹般地保存下来，让今天的人们能以此猜测神秘的恐龙时代。恐龙蛋不仅为研究恐龙的分类提供了材料，而且为进一步了解恐龙的繁殖方式，研究古地理、古气候、古地貌、古生态环境以及地层学和埋藏学提供了大量的宝贵信息。

岩石中的恐龙蛋化石：河南南阳西峡县丹水镇中国西峡恐龙遗迹园。

西峡盆地是西峡县的粮仓，位于河南省伏牛山的腹地，距省会郑州大约有400多公里的路程。西峡盆地四周高，中间低，呈长条带形，横跨河南、陕西两省，面积大约有1000平方公里。西峡盆地属于断陷盆地，盆地内的红色岩石是地质史上称为中生代白垩纪的地层，沉积时代距今约有7000万年。在微微倾斜的红色岩层中，埋藏着数量惊人的恐龙蛋、恐龙化石。时代为白垩纪，石化程度非常好，保存得很完整，分布面积很广、数量比较大，原始状态没有遭到破坏，所提供的资料和信息非常丰富，具有非常高的科学价值。这一发现被专家们誉为世界科技领域的第九大奇迹。经过调查，发现恐龙蛋化石的地点遍布西峡县以及相邻的内乡县和淅川县的15个乡镇、57个村。在西峡、内乡两个县的3个乡镇、4个村，还发现了恐龙骨骼化石。恐龙蛋和恐龙骨骼化石的覆盖面积达8578平方公里。此前全世界总共才发现了大约500枚，而在西峡盆地单是已经出土、收藏到文物部门的即达5000枚以上，地下埋藏的究竟有多少，目前尚难以断定。目前世界上在其他地方发掘的恐龙蛋化石，时间一般在距今7000万年左右，而西峡发掘的蛋化石，中生代白垩纪早、中、晚期都有，时间跨度在距今6500万年至1亿年左右，是恐龙繁衍兴盛时期的珍品。

## 北京猿人

人为万物之灵。千百年来，人对于自己的来历就有过无数的推测，由此而产生了各种各样的奇思妙想。在这些奇思妙想之中，猴子变人的传说流播很广，存在于世界许多民族的创世纪神话之中。19世纪中叶，进化论的奠基人、英国著名的生物学家达尔文发表了《物种起源》和《人类起源》两部名著，用生物进化的原理论证了人类的起源，创立了人类起源于古猿的科学学说。

可是，古猿究竟如何变成了人，达尔文并没有深入具体地进行探讨。后来，恩格斯在他著名的《劳动在从猿到人转变过程中的作用》一文中提出：劳动创造了人本身，劳动在从猿到人的过程中起了决定性的作用。由于气候的变化，古猿由树居改为地面生活，在寻找食物的过程中，形成了简单劳动，促使前肢分化为手，后肢分化为脚，最终站起来直立行走，从此开始走出猿群，在将自己创造为人的过程中迈出决定性的一步。视野的扩大，大脑的逐渐发达，语言的产生，使猿人的劳动越来越具有创造性。最后终于成为能够创造工具的人类。人类由古猿进化而来，这个看来似乎非常简单的原理，却很久未能被人们接受，直到1929年北京猿人的第一个头盖骨被发现以后，才得到了世人的公认。

1918年的春天，瑞典的地质学家安特生博士来到中国，在北京西南的房山周口店进行地质调查。周口店一带，是北京西山的外围，山势比较低矮。这是一个极普通的小镇，出产一些煤炭、石灰、大理石和花岗岩。从地理上看，周口店处在山区和平原的过渡地带。它的东南面是无边无际的华北大平原，西面和北面是磁行山。磁行山是西山的支脉。周口店地区上新世和更新世的堆积物很丰富，是地质学家非常感兴趣的地方。周口店镇西约一公里处，有两座东西并列的石灰岩构成的圆形小山，东边的一座叫龙骨山。安特生在石灰岩的缝隙里发现了一些哺乳类动物的化石，随后将化石运回瑞典进行研究。1921年10月，应邀来华访问的瑞典皇太子在北京隆重宣布：在周口店发现了古人类的遗迹。这一消息立刻在世界考古界引起了巨大的轰动。1923年，奥地利古生物学家丹斯基在周口店又发现了两颗古人类的牙齿。

1927年，由代表中外双方的中国地质调查研究所和北京协和医学院共同签署了系统发掘周口店的协议，经费由洛克菲勒基金会提供。平心而论，在当时的特定条件下，这一协议既坚持了维护国家权益原则，又尊重了外国学者的学术专长，使合作项目得以顺利进行。中美联合发掘周口店的龙骨山，发掘深度20米，挖出的堆积物多达3000立方米，获得动物化石标本500箱。特别是发现了一颗保存完好的人类牙齿化石，当时定名为

"中国猿人北京种"，简称"北京猿人"。北京人的牙齿比现代人的牙齿粗壮得多。但和大猿相比，又显得弱小和简单。这一种近似人的特征，是长期用火、吃熟食的结果。

1929年我国的古人类学家裴文中主持龙骨山的发掘工作，在龙骨山发掘出第一个完整的北京猿人的头盖骨化石。这一发现震惊了全世界。1936年，又传来令人振奋的消息，我国另一位著名的古人类学家贾兰坡主持的发掘工作发现了三个比较完整的成年猿人头盖骨化石。"北京人"头盖骨的发现，为从猿到人的学说提供了有力的证据。20世纪20年代，人类重新认识自己起源的旅程，是从中国的周口店开始的。生活在50万年前的"北京人"头盖骨的出土，被当时国外学术界誉为古人类研究史中最为动人的发现。北京猿人洞是世界上发现的材料最丰富、也是最系统的旧石器时代的人类遗址。

1937年卢沟桥事变之后，在周口店的挖掘工作被迫中断，但研究人员仍然在北平协和医院的新生代研究室对化石进行整理研究。1941年，日美关系日趋紧张。在当时被日军占领的北平，日军开始占领美国驻北平的一些机构。存放和保管"北京人"头盖骨化石的北平协和医院虽属美国财产，看来也难以幸免。在这种情况下，新生代研究室决定为北京人化石寻找一个更为

北京猿人狩猎生活的壁画：北京周口店北京人遗址。

安全的存放地点。当时有三种可以选择的处理方案。第一，把化石运往抗战的后方重庆，但在战争环境下，长途运送，安全难以保证；第二，在北平就地掩埋，但在沦陷区，化石的安全同样无法保证；第三，运往美国保存。据古人类学家胡承志回忆，由于在合作挖掘化石时中美签的合同规定，在周口店发掘的所有化石都是中国财产，禁止运送出境，所以当时美国公使馆的人拒绝接收。后来经过国民政府的协调，远在重庆的美国驻华大使同意并授权，驻北平的美国公使馆才接收这批珍贵的古人类化石，并准备将其运往美国保存。

1941年12月5日凌晨，一列美海军陆战队的专列驶出北平，据说车上装有“北京人”头盖骨化石。按预先的安排，列车到秦皇岛后，化石运到“哈里逊总统”号轮船，然后运往美国。此次托运的负责人是即将离华赴美的海军陆战队退伍军医弗利，两箱化石就是被混装在他的27箱行李中被送上火车的。弗利说：这件事在当时相当秘密。在秦皇岛，弗利的助手戴维斯负责接收这批特殊的行李。弗利等待着第二天坐“哈里逊总统”号回国。然而第二天，也就是1941年12月8日，日本偷袭珍珠港，美国对日宣战，太平洋战争爆发了。日军迅速占领了美国在华的机构，美海军陆战队在秦皇岛的兵营也被日军侵占，美国海军陆战队的专用列车在秦皇岛被日军截获，而“哈里逊总统”号一直没有驶往秦皇岛港，它从菲律宾首都马尼拉开航以后，一直被一艘日本军舰追逐，最后，搁浅在上海以东长江口附近。弗利和戴维斯成了俘虏。在天津的战俘营中，弗利他们陆续收到从秦皇岛兵营运送来的行李，但“北京人”头盖骨已不见踪迹。化石是否落入日军手中？这个谜至今未能破解。

1949年以后，考古工作者们又把目光投向了周口店，希望会有新的发现弥补丢失的遗憾。贾兰坡和技工们先把1937年回填的土重新挖掘出来，在挖土的过程中，他们获得了三颗牙齿，这是当时唯一在中国人手中的“北京人”化石真实标本。此后，又陆续进行

## 裴文中

裴文中（1904—1982年），考古学家、古生物学家，中国旧石器考古学和第四纪哺乳动物学的奠基人，中国古人类学创始人之一。河北丰南人。1929年起主持并参与周口店的发掘和研究，为中国猿人第一个头盖骨的发现者，并确认石器、用火灰烬等的存在。他为中国旧石器时代考古学的发展作出了重大贡献。

北京猿人头骨模型：北京猿人头骨的发现，确立了猿人阶段的存在，证实了人类起源于古猿的理论。

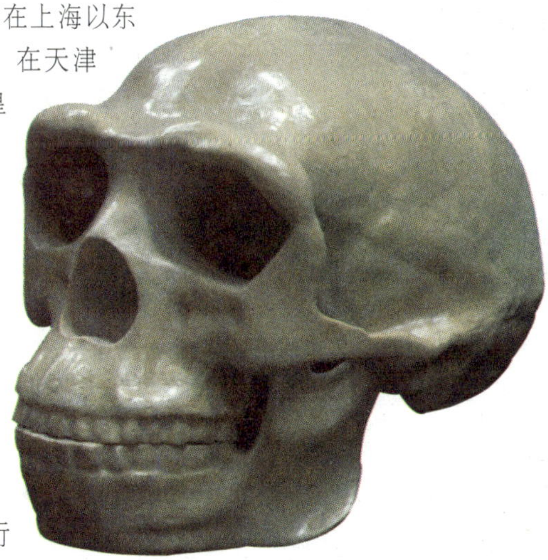

## 贾兰坡

贾兰坡（1908—2001年），近代考古学家、古人类学家。河北玉田人。1930年代协助裴文中参与周口店古人类遗址的发掘工作，发现“北京人”头盖骨。



了几次发掘，获得了两颗“北京人”牙齿和其他动物化石。值得提到的是，1966年由古人类学家裴文中主持的发掘中，发现了一块额骨和一块枕骨，它们显然是属于同一个头骨。新发现的头骨碎片与1931年、1936年的第五号头骨的两块颞骨，拼合成一块比较完整的头盖骨。显然，它们属于同一个个体，这是我国目前仅存的“北京人”头盖骨化石。

北京猿人洞的文化积厚达40多米，大致形成于旧石器时代的早期，距离现在有70至23万年左右。周口店的洞穴里发掘到厚达416米的灰烬层，中间夹杂着一些烧裂的石头和烧焦的兽骨，这是用火的证据。北京猿人生活的时代，距今大约46万年。他们的个子比现代人要小一些，男子身高平均1.62米，女子身高大约1.52米。他们的头盖骨低平，眉脊骨突出粗大，脑壳比现代人厚一倍。脑量是现代人的五分之四。鼻子很宽，嘴巴前伸，没有下巴。北京猿人已经懂得吃熟食。他们用的火主要取自自然火种，但他们已经能够保存火种。他们的食物来源主要靠狩猎和采集。在北京猿人生活的时代，周口店附近的自然条件还是非常好的，那里有大量的湖泊、沼泽，不远的地方有辽阔的草原，生活着各种各样的动物和植物，这些就是北京猿人的食物来源。从山洞里发掘出来的大量的动物化石来看，北京猿人经常捕捉水牛、羚羊作为自己的食物，植物也是他们的食物来源。

1942年8月23日报端披露了“北京人”头盖骨化石遗失的消息后，一直到第二次世界大战结束前后，当时的国民党政府的代表团，在接收美军总部移交在日本占领期间被日本军队掠夺的物品中，发现没有“北京人”头盖骨化石时，李济曾在东京找“北京人”前后约5次，结果还是没找到。他于1946年5月24日写信给裴文中告知情况，还把致美军总部备忘录和物品清单抄给裴文中。1946年12月中国代表团团长朱世明再次致“盟总”参谋长助理威娄柏中将，要求协助查找并送还“周口店的人类学科材料及中国猿人的研究记录”。

1987年12月，周口店北京猿人遗址被联合国教科文组织评为“世界文化遗产”。

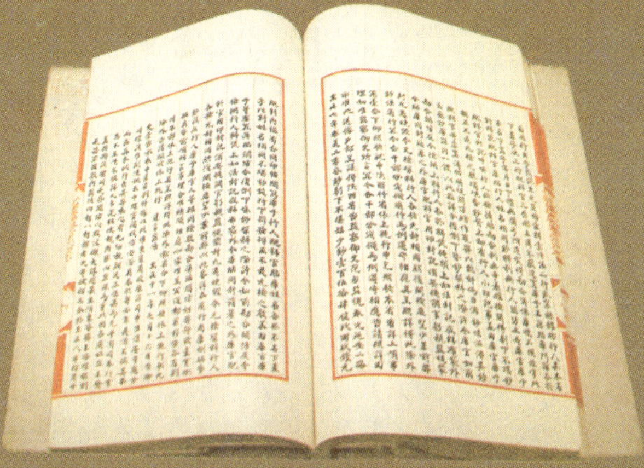

# 第十章　藏书

《赵城金藏》

《永乐大典》

《四库全书》

《芥子园画传》

# 藏书

## 《赵城金藏》

山西洪洞赵城镇地处晋东南，地理位置比较偏僻。广胜寺位于赵城镇东南40余里的地方。寺分上寺、下寺两处，上寺有八角十三层密檐砖塔，称“飞虹塔”。建于明代的飞虹塔，是我国现存最完整的大型琉璃古塔。塔八角十三层，总高47.31米。塔身主体墙砖砌，外表镶饰五彩琉璃。塔身中空，内设“之”字形梯道，其设计巧妙，在我国古塔中罕见。飞虹塔以挺拔伟岸的身姿、五彩斑斓的塔色和悠扬飞动的塔铃声将佛国的辉煌阐释得淋漓尽致。

《赵城金藏》，1933年在山西赵城县霍山广胜寺发现。该藏系金代民间劝募，在山西解州（治所在今山西运城西南）天宁寺刻成。由于这部大藏经是金代雕刻的，故专家蒋唯心依照学术惯例，将其命名为《金藏》。又因为是在赵城县广胜寺发现，学术界便称之为《赵城金藏》。

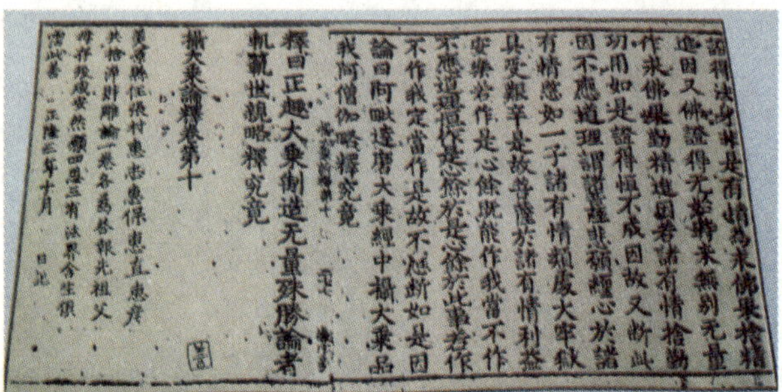

金代《赵城金藏》（复制品）：河南安阳中国文字博物馆藏。《赵城金藏》被佛教界誉为“天壤间的孤本秘笈”。

这部藏经依照千字文编帙，自“天”至“幾”，共有682帙，由此可以推论，全藏的数量当近7000卷。经是卷轴装，黄纸护首，朱漆木轴，每卷经首加装释迦说法图一幅，图的右上角刊“赵城镇广胜寺”6字。整幅扉画的线条流畅有力，构图严整而疏朗，图中袈裟以粗黑线条表示贴边，使线条富有变化，增强了衣纹的转折感和立体感。

据史书上的记载，《金藏》的发起者是潞州长子县百姓崔进的女儿法珍。崔法珍幼年即好佛教，13岁的时候，为了做功德，崔法珍断臂化缘雕造佛教大藏经。很多佛教信众深受感动，纷纷捐资赞助，有的人甚至破产响应募捐。经过20余年的努力，方始刊成。刻藏地点就是金代解州的天宁寺，由开雕大藏经版会主持雕藏事务。劝募的地区十分广泛，遍及晋南和秦西各州县。

《赵城金藏》开雕于金熙宗皇统九年（1149年），金大定十三年（1173年）竣工。金藏刻成之后，崔法珍于大定十八年（1178年）将印本送到燕京，受到金世宗的重视，敕令中都左右街十大寺院僧众，香花迎经。崔法珍被赐许出家为尼。在圣安寺设坛为崔法珍授比丘尼戒。大定二十一年（1181年），法珍又将所有经版运到中都，共计168113版，6980卷。大定二十三年（1183年），法珍被赐紫衣，法号弘教大师。《赵城金藏》的原刻版式除千字文编次略有更动外，基本上是《开宝藏》的复刻本；也是卷轴式装帧，每版23行，每行14字。它保留《开宝藏》蜀版(第一部刻印本)的许多特点，在《开宝藏》和它的另一复刻本——《高丽藏》初刻印本都散失的情况下，保存了数千卷《开宝藏》蜀本的原貌，无论在版本或是在校勘方面，都具有较高的价值。

金末元初，《赵城金藏》的部分经版毁于兵火。约在元太宗窝阔台八年（1236年），耶律楚材主持以半官半私的名义发动其所辖官员协助并在民间劝募，同时召集各地寺院会刻字的僧人到弘法寺补雕缺损经版。补雕后的经版基本上恢复《赵城金藏》旧刻的内容。现存的《赵城金藏》系元中统二年（1261年）的补雕印本，共4957卷（1952年又发现62种，162卷，此后还陆续发现过一些零散经册，现存5100余卷）。由于年久散失缺损，明万历二十年（1592年），解州静林山万寿禅寺僧人悟顺曾抄补若干卷；清雍正九至十一年（1731—1733年），在信徒的赞助下，广胜寺又集僧俗进行过一次大规模的抄补。现存的补抄本200余卷，即明代、清代两次的补本。因系根据明代《永乐南藏》本进行抄录，编次多见错落重复。

《赵城金藏》被当地百姓视为吉祥物，有的百姓拿它来镇宅，有的拿它来做药引，有的拿来糊窗户。这样，个别经卷陆续流散了出来。当年在北京的古书铺子里，就曾经卖过一些。20世纪30年代，北京三时学会曾把《赵城金藏》中所特有而为其他各版藏经中缺少的孤本佛教经籍46种、249卷编为上、中、下三集，缩印成32开本线装120册，分12函发行。在抗日战争前后，北京图书馆已经陆续收到192卷。

山西洪洞广胜寺飞虹塔：飞虹塔建于明代，是我国现存最完整的大型琉璃古塔。塔八角十三层，高47.31米。塔身青砖砌成，各层皆有出檐。塔身主体墙砖砌，外表镶饰五彩琉璃。塔身中空，内设“之”字形梯道，设计巧妙。

抗日战争中，广胜寺一带是游击区。1938年2月，日军占领赵城，广胜寺距日军占领的道觉村仅1公里。为了大藏的安全，寺里的僧人将全部经卷转移到“飞虹塔”内封存。1942年春，日军提出，要在旧历三月十八日当地庙会期间上塔游览。《赵城金藏》的安全受到威胁。寺里派人报知八路军赵城镇抗日政府。太岳区第二地委获悉情况后，立即向太岳区党委书记安子文、军区司令陈赓、军区政委薄一波汇报。区党委将情况上报中央，不久，延安转来电报，批准同意抢救《赵城金藏》。经过周密部署，4月27日夜安排数百名战士和民兵配合，全力抢救经卷，将《赵城金藏》连夜转移。反“扫荡”战斗结束以后，经卷运到沁源县太岳区委驻地，后来又转移到该县一座废弃的煤窑中。指定专人保管，每年前往察看、晾晒一次。虽然尽力维护，由于煤窑矿洞渗水潮湿，还是有部分压在下层的经卷受潮发霉，黏结成纸棒，难以打开。

抗日战争胜利后，晋冀鲁豫边区政府决定将《赵城金藏》交由北方大学保护。但是1946年国民党进攻平汉线，北方大学转移到山区，经卷遂全部转移到河北太行山区的涉县，存放在温村的天主教堂内，北方大学校长范文澜派遣张文教随行看护。在保护经卷的过程中，张文教劳累病倒，经卷遂由太行行署代管。1949年1月北平解放以后，根据中央人民政府指令，华北局书记薄一波电令将《赵城金藏》运至北平，交北平图书馆收藏。1949年4月30日，4330卷《赵城金藏》在北方大学张文教的护送下，运抵北平。后来，北京图书馆集中北京琉璃厂手艺最高的韩占魁等4位老技师，花去整整17年的功夫，终于使几百卷的《赵城金藏》重新和读者见面。

1959年9月，在西藏萨迦寺北寺图书馆发现31种、559卷卷轴式装帧木刻印本佛经，其编次和《赵城金藏》完全一致。从版式、字体、刻工等方面判断，基本上可以肯定是《赵城金藏》输版入燕京后的补雕印本。

从1984年开始，在国家图书馆馆长任继愈先生主持下，中华大藏经据以《赵城金藏》为底本，整理并出版了《中华大藏经》（汉文部分），使稀世珍宝《赵城金藏》得以广泛地流传。

现在，除了国家图书馆收藏的4813卷《赵城金藏》以外，国内主要图书馆和博物馆也有收藏，海外公私藏家亦有收藏。今天，《赵城金藏》与《四库全书》《永乐大典》《敦煌遗书》一起，被视为国家图书馆善本特藏的四大镇库之宝。

## 《永乐大典》

永乐皇帝，明太祖朱元璋的第四子。他依仗武力，以“靖难”为名，高举“清君侧”的大旗，起兵南下，血战三年，将他的侄子建文帝驱赶“失踪”，自己登上了皇位。为了炫耀文治，他下令系统收集天下的古今典籍，编纂一本规模空前的类书。永乐五年（1407年），全书大体定稿，明成祖朱棣正式定名为《永乐大典》。永乐六年（1408年）冬，《永乐大典》全书抄写完毕。《永乐大典》全书有凡例、目录60卷，正文22877卷，11095册。书中保存了我国上自先秦，下至宋元以前的佚文秘典，以及明初的各种典籍达8000余种，是中国古代最大的百科全书。受命编纂此部大书的人是解缙。解缙是明初著名的文人，年少得志，很早就中了进士，他很受朱元璋赏识，君臣两人经常扪心清谈。后来因为上书得罪了朱元璋，丢了官职，郁郁地由父亲领回家中，再次成为草民。幸运的是，朱元璋死后，解缙回朝，再次为官，不久归附朱棣。他与胡广、胡俨、杨士奇等，于永乐元年（1403年）受明成祖之命，着手编纂《永乐大典》。总裁、副总裁选择博学之士担当。总裁陈济本是一个平民百姓，因学问好被特聘，编纂人员在工作中遇到的各种问题，他都能马上回答。其他如负责医经的副总裁蒋用文、赵同友本身就是太医院的御医，负责佛教的是高僧道联等。永乐皇帝规定：经、史、子、集百家之书，天文、地理、阴阳术数、医学、佛教、道教等各种书籍，无不在收集之列。

皇家图书馆“文渊阁”的藏书也被全部收入。

永乐十九年（1421年），北京的紫禁城建成，朱棣迁都北京，《永乐大典》随之运到了北京，长期贮藏于宫城内的文楼。此后，《永乐大典》深锁禁宫百余年，少人问津。这种情况直到明孝宗和世宗时才有所改变。孝宗曾把《永乐大典》中的医药秘方抄给御医药房，并亲自抄写了一些秘方赐给太医院。明世宗在明朝皇帝中最喜欢读书，常常将《永乐大典》放在案头，随时浏览。嘉靖三十六年（1557年）宫中火灾，火势危及文楼。三殿和文、武两楼等主要建筑均被焚毁。世宗一夜下了三四道禁令，督促抢救《永乐大典》。幸亏抢运及时，《永乐大典》才逃过一场浩劫。世宗因此而心有余悸，决心重新抄录一部，以备不测。嘉靖四十一年（1562年）秋，重录工作正式开始。此次重录有严格的管理制度，誊写人员每天早入晚出，领取《永乐大典》，必须登记，严禁私自带出雇人抄写。每天3页，有错还要发回重作，不计入工作量。每册《永乐大典》重录后，册尾要注明重录总校官、分校官、誊写人的姓名，职责自负。重录的《永乐大典》的格式、装帧与永乐原本完全一样，称“嘉靖抄本”或“副本”，收藏在明代新建的藏书楼里。重录副本直到隆庆元年（1567年）方告完成。永乐正本移放到文渊阁，明亡之后下落不明。当时有人建议将《永乐大典》刻印出版，以广为流传，但因费用太大，只能作罢。

明成祖朱棣：明成祖朱棣（1360—1424年），年号永乐，朱元璋第四子。建文元年（1399年）发动“靖难之役”并于三年后夺取皇位；永乐六年（1408年）编成《永乐大典》；永乐十九年（1421年）迁都北京。

嘉靖年间重录的那部《永乐大典》，一般称作“重录本”或“副本”。《永乐大典》的原本，今人始终没有见到过。至于副本，也早已残缺不全。谈到《永乐大典》副本散失的经过，真是说来话长。嘉靖抄本先是存放在故宫东南的皇家档案库皇史宬。康熙年间，已佚散不少。雍正年间，又移贮到翰林院敬一亭。乾隆三十七年（1772年）修纂《四库全书》时，曾清查嘉靖抄本，发现缺失2422卷，1000余册。《四库全书》修纂官黄寿龄，私自将6册《永乐大典》带回家中，不料被贼偷去。乾隆大为震怒，严令官府缉捕。由于风声太紧，小偷无法脱手，又偷偷将《永乐大典》放到御河桥边。虽然《永乐大典》最终并未丢失，黄寿龄仍受到罚俸禄3年的处分。

乾隆以后，被束之高阁的《永乐大典》，无人过问，疏于管理，一些行为不端之徒乘机偷窃。早上进翰林院时，带一件棉袍，包得像两本《永乐大典》大小。晚上离开时，把棉袍穿在身上，将两本《永乐大典》装在包袱中，这样神不知鬼不觉，有的人竟然偷出了100多本。嘉庆、道光年间修《全唐文》和《大清统一志》时，被翰林院官员又偷盗出100多册。咸丰十年（1860年），英法联军侵占北京，翰林院遭到破坏和抢劫，丢失《永乐大典》不计其数。其中尤以英军抢掠最多，作为战利品运回本国。此后一些利欲熏心的官吏偷盗《永乐大典》后，以10两银子1册售与洋人。光绪元年（1875年）清理《永乐大典》时，发现仅存5000余册。到光绪二十年（1894年），更只剩下800余册。光绪二十六年（1900年）六月，八国联军侵入北京，东交民巷成为战场，藏书四散。侵略者对《永乐大典》肆意抢掠，《永乐大典》几乎全部遭到焚毁，幸存的或被侵略者作为战利品劫掠而走，或被国内一些懂得此书价值的人翻检拾走。宣统元年（1909年）筹建京师图书馆时，只剩下64册了。

《永乐大典》的残本零星散于世界各地公私藏家之手，目前散落在十多个国家的30多个单位，大约400册。中华人民共和国成立之后，广泛搜集，达到了目前的近800卷，其中包括为数不少的缩微胶卷和复印件。20世纪50年代初，流散在国外的《永乐大典》，有一部分也回到了祖国。苏联先后三次归还《永乐大典》64册。德意志民主共和国也归还了3册。北京图书馆收藏的《永乐大典》，由110册，增加到了216册。1959年，中华书局将搜集到的《永乐大典》730卷影印出版。1986年，中华书局又将后来查访到的《永乐大典》补充进去，一共797卷，印刷出版，是现在收集最全的《永乐大典》影印本。

有关《永乐大典》的亡佚情况，众说纷纭，扑朔迷离。《永乐大典》正本的下落，历来有四种说法，其一，“抄副后归于南京，毁于大火”；其二，藏于皇史宬特厚的夹墙中；其三，“清嘉庆间失火于乾清宫中”；其四，是郭沫若在《重印永乐大典序》中所说的“从此正本与副本分藏于文渊阁与皇史宬。明末之际，文渊阁被焚，正本可能即毁于此时”。许多人倾向于这种说法。

明代《永乐大典》（复制品）：中国国家博物馆古代中国陈列展。

中国社会科学院的栾贵明先生提出了一种大胆的猜测：《永乐大典》可能做了嘉靖帝的陪葬物。他的论证过程大致如下：《永乐大典》是嘉靖帝“殊宝爱之”珍品。他登基以来，更是几案上必备的参考经典，并时常在朝廷上引用。嘉靖帝死亡距下葬日期，实际整整有3个月时间。嘉靖帝丧葬和《永乐大典》的重录两件事如此接近，增加了许多疑点。甚至，我们有理由怀疑，因急于安排“正本”的去处，以了却大行皇帝的心愿或嘱托，“重录”工作并未真正完成，而诡称“成”，即行“两处收藏”，从而是造成“副本”缺少的一个重要根源，也并非不可能。在嘉靖帝下葬后，隆庆帝表彰重奖了钞录《永乐大典》的儒臣们。入葬事大，表彰事轻，先重后轻，战罢论功，自然通理。但是，两件事发生得太近了，仅仅二十余天，这不是昭示重录《永乐大典》与皇上丧葬之事有直接的联系么？隆庆皇帝在3月22日将大行皇帝安葬妥当之后，4月10日任命嘉奖徐阶等十数名儒臣“同知经筵事”后，犹嫌不足，于4月15日明确以“重录永乐大典成”为由，再次褒奖数十人。而在4月12日“革锦衣卫冒滥官旗朱万春等八十二人”一举，又从反面衬托出新皇帝的爱憎心态。他对重录儒臣的表彰有迅速和反复的特点。

中国古代皇家修典既成，在大肆张扬进呈褒奖的同时，必然多次载记该书典藏于何所，并在官修书目中著录，以标榜皇恩浩荡。这是国家修典的定式。《永乐大典》的重录，成为仅有的特例，并没有这样做。

诸多的线索和疑点摆出来了，其断裂的焦点显然在嘉靖帝。是他对祖宗的崇拜；是他对《永乐大典》的珍爱；是他决定儒臣的重录；是他扬言要“分藏两处”；是在他下葬之前或当时完成了重录的任务；是在他的身后，一部特大的书，一页不见，一句不被真正直接地提及。似乎这里只缺乏一条史实了，即出示那张嘉靖的陪葬清单。当然，绝不可能有这样一张清单出现。

尽管天机封锁得异常严密，又有副本存在、水火之灾、流传丧失的种种烟雾，但事实是不可改变的。《永乐大典》正本，完整的一部大书，没有毁亡，更没有佚失。按照嘉靖本人的说法，它总应该好端端的宝藏在“他所”——“他所”就是永陵的玄宫吧？这就是那个该找而没有找过的地方了。

2002年4月中国国家图书馆“《永乐大典》编纂600周年国际研讨会”召开。时任国家图书馆馆长的任继愈先生呼吁：国图首先将馆藏的161册依照原书的版式规格、纸张装帧仿真出版，希望世界各地藏书机构、收藏家群策群力，共襄盛举，拿出《永乐大典》原书，提供拍照、再版之用，使这一文化遗产重现于世，垂之永久。

## 《四库全书》

编纂《四库全书》是清代规模最大的总结性的文化工程。这项工程从乾隆三十七年(1772年)开始，用了15年的时间才宣告完成。此书的编纂缘起于安徽学政朱筠的提议。他在翰林院看到明成祖下令编定的明代最大的类书《永乐大典》，奏请从中辑录古代佚书，同时搜集各省书籍。这一建议得到乾隆皇帝的积极支持。

乾隆在位时正当清王朝的巅峰时期，借康熙、雍正两朝励精图治积累的财富，有财力、有精力来完成这一巨大的文化使命。乾隆三十七年二月，清廷下令各省搜集历代及当代的典籍，并批准设立四库全书馆。参加编纂工作的共有500多人，计有正总裁官16名，其中包括3位皇子，副总裁官25人，正副总裁官之下有总纂官、总校官、总阅官、提调官、协勘官、编纂、校勘、分校官、督催官、收掌官等等，四库馆臣中汇集了当时许多著名的学者，如纪昀、陆费墀、戴震、邵晋涵、翁方纲、王念孙等，其中以纪昀的责任和贡献最大，他负责《四库全书总目》的编定工作。

乾隆四十六年(1781年)十二月，《四库全书》的第一部初稿修成，到五十二年(1787年)六月，先后完成7

部，历时15年。以后校对错误阙漏，补充一批书籍入内，一直到乾隆五十八年(1793年)，编纂工作全部告竣。与此同时，《永乐大典》的辑佚工作也顺利完成，共抄出佚书500余部，其中一些书籍如《东观汉记》《旧五代史》《建炎以来系年要录》等具有很高的文献价值。

据中华人民共和国成立以后查点文津阁本《四库全书》所得出的统计数字，《四库全书》共收书3503种、79337卷、36304册，是历代封建王朝官方修订的规模最大的丛书，卷数是明朝大型类书《永乐大典》的三倍半。当然，两书的性质有所不同，前者是丛书，后者是类书。

《四库全书》共誊写7部，分别收藏于宫内的文渊阁、圆明园的文源阁、奉天的文溯阁、承德的文津阁、扬州的文汇阁、镇江的文宗阁、杭州的文澜阁。此七阁按地域分为北四阁（又称内廷四阁）和南三阁（又称江浙三阁）。允许官员及读书人抄阅。但由于后代屡经战火劫难，圆明园文源阁本毁于英法联军的炮火，扬州、镇江藏本毁于太平天国时期的战乱，文渊阁本现存台湾，文津阁本现存国家图书馆，这两部《四库全书》保存得比较完整。文津阁《四库全书》是国家图书馆收藏的举世闻名的珍贵典籍之一，经过鲁迅的力争才入藏该馆。

1909年，筹建京师图书馆时，清朝政府已决定将文津阁《四库全书》与避暑山庄各殿阁陈设的书籍一并移交该馆庋藏，但迟迟未能办理。辛亥革命以后，当时在教育部任职的鲁迅即以教育部名义通知热河都统姜桂题：我部即拟派员往取《四库全书》及避暑山庄各殿阁收藏、陈列的书籍。热河都统姜桂题表面上尊重成案，同时提出将部分图书留存热河图书馆。姜某不等教育部前往热河接收图书，竟于1913年年底把《四库全书》3600余册派人押运送京。教育部得到“国务院”的通知后，始获悉《四库全书》已由热河起运，据说将于1914年1月6日运抵北京。但是教育

《四库全书》（复制品）：北京首都博物馆藏，原件藏国家图书馆。

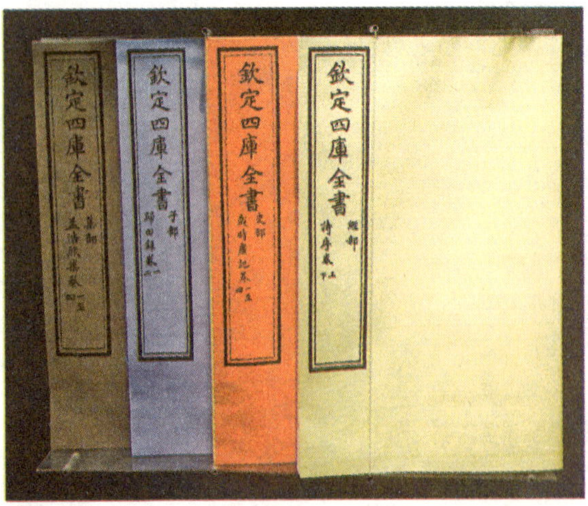

部在1月6日派员去车站接书时，全书已被内务部拦截而运往故宫文华殿的古物陈列所了。鲁迅闻讯以后，忧心如焚。1915年8月6日，鲁迅以教育部名义致函内务部，指出："《四库全书》为中国古今图籍之总汇，京师图书馆为首都册府，自应收藏，以宏沾溉，请内务部即日将《四库全书》移交教育部，转发京师图书馆，以符成案。"内务部碍于成案，只得于8月25日函复教育部，请派员前往商订移交手续暨日期。教育部社会教育司于8月30日函告内务部将"派佥事周树人，主事戴克让于9月1日午后3时前往贵部，商订一切手续。"

点收《四库全书》的工作，由于内务部的从中刁难，并不十分顺利。内务部将书架和《四库全书简明目录》扣留，拒不移交。教育部上告"国务院"，得到了"国务院"的上方宝剑，内务部这才同意将全副《四库全书》书架转交京师图书馆。文津阁《四库全书》于1913年年底自热河运京，在鲁迅的力争下，克服重重困难，历时四载，才算全部入藏京师图书馆。

## 《芥子园画传》

有一位青岛市民刘先生，他收藏有《芥子园画谱》(临摹)。经文物专家的鉴定，该画谱属清朝年间的珍品，价值100多万元。令人惊讶的是，该画谱是刘先生以低价从废品站收购的，而对方收购时只花了三角钱。据说，江苏路附近的一位老太太将这件珍品卖给了废品站，她的丈夫12年前去世时将其留给她。后来，老太太以3毛钱的价格卖给了收废品的。

《芥子园画谱》即《芥子园画传》，是清初李渔等人所编。李渔（1611—1680年），号笠翁，浙江兰溪人。李渔一生亦文亦商，卖赋糊口，卖文求售，奔走权门，一半靠打秋风过日子。很多士大夫因此而看不起他。李渔这样形容自己的生活："十日有三闻叹息，一生多半在车船。"他到处奔波，以才学换取金钱，他的作品乃至审美理想均染上了浓郁的商业色彩。李渔有敏锐的商业目光和经商头脑。他在南京开设了自己的书铺——位于金陵闸的翼圣堂。那里出版的是当时的畅销书，如《三国演义》《金瓶梅》《西游记》《今古奇观》《水浒传》等等。翼圣堂的书签，由李渔亲自设计，色彩丰富，图案新颖，一上市就受到广泛的欢迎。当李渔搬家到城南的小西湖时，“翼圣堂”就又被更为有名的“芥子园”代替了。为什么叫“芥子园”呢？李渔自己解释说：“金陵别业，地止一丘，故名芥子，状其微也。”有自撰对联一副：“到门惟有竹，入室似无兰。”芥子园后来成为南京享誉中外的百年老字号。除了文艺的创作以外，李渔又以他那特有的商业目光注意到了绘画，虽然他常常以自己不擅绘事而感到遗憾。芥子园所出版的书籍中，《芥子园画传》最享盛名。李渔一向追求完美，他出版的《芥子园画传》用上等的材料，最好的刻工，五层彩色套印。在它初次出版的300多年中，为广大的绘画爱好者提供了学习绘画基本技法的范本。许多著名的画家，如齐白石、潘天寿、陆俨少都从《芥子园画传》中受益匪浅。《芥子园画传》的出版，充分证明了李渔的艺术鉴赏力和出色的商业眼光。《芥子园画传》被奉为画学圭臬，代表了清代彩色套印版画的最高成就。

清康熙十八年刻本《芥子园画传》：中国国家博物馆藏。

光绪年间，画家巢勋将以上《芥子园画传》的一、二、三、四集重新临摹修编，然后在上海石印出版，从此《芥子园画传》得到了更广泛的流传。

1960年时，人民美术出版社根据巢勋的临摹本，用胶印版单色出版了《芥子园画传》普及本，后又重版。到1982年，上海书店又影印出版了《芥子园画传》精装本和平装本。源于李渔主持编绘的《芥子园画传》，为国画艺术的广泛传承起了巨大的启迪作用。

# 第十一章　绘画

楚汉帛画
《文姬归汉图》
《洛神赋图》
《簪花仕女图》
《步辇图》
《韩熙载夜宴图》
《清明上河图》
《芙蓉锦鸡图》
敦煌壁画

# 绘画

## 楚汉帛画

帛是战国时代丝织品的统称，帛画是中国古代特有的艺术。半个多世纪以来，出土了20多幅帛画。帛画的陆续出土使我们的美术史不得不屡次地改写，帛画学也成为一门新的学问。帛画起源于战国时期的楚国，消失于东汉。最著名的帛画均于20世纪40年代以后出土，具体地来说，有马王堆1号墓和3号墓出土的两幅T型帛画、子弹库1号墓出土的战国帛画《人物御龙图》、陈家大山1号墓的《人物龙凤图》、山东临沂金雀山9号墓的汉帛画。其中的大部分著名帛画出现在楚文化氛围最为浓郁的沅、湘流域。

《人物龙凤图》：又称《龙凤引魂升仙》，战国帛画，1949年湖南长沙陈家大山楚墓出土。

1942年9月，正当抗日战争期间，盗墓贼光顾长沙东南郊子弹库的一座汉墓，从中盗掘出一幅有图有字的绢质文书，当时不知其为何物，称其为缯书，后来通称其为帛画、帛书。转来转去，这幅最早出土的帛画落到美国人的手里。先是1946年被美国人柯克思获得，后来藏在耶鲁大学图书馆，最后在美国被私人收藏。

1949年2月，在长沙东南郊陈家大山楚墓中发现了一幅画在白色丝帛上的绘画，后来定名为《人物龙凤图》帛画。这幅帛画的出土是盗墓所出，现在由湖南省博物馆收藏。这是迄今所知的中国最早的绘画作品。这幅2300多年前的古画，是葬仪中使用的旌幡，出土的时候，已经斑驳模糊，经过科学处理以后，恢复了它的原貌，画中所描绘的情景清晰可见：画中有一位侧身的妇女，腰身修长，头后挽有一垂髻，并系有饰物，阔阔的袖子，长长的裙子曳到地面。只见她双手合十，神态虔诚，好像在祈祷着什么。妇人的头顶上有一只腾空飞舞的凤鸟，尾羽向上卷起，左边一条体态扭曲的龙，正向上升腾，形态夭矫富有极强的动势，似乎正向天空飞升。因为有一足已经剥落，看上去好像只有一只脚，所以一度被认为是夔，该作品也曾定名为《夔凤人物图》。夔是古代传说中恶的象征物，于是便将这幅画的含义解释为善恶之争，恭立的妇女则是祈祷善灵的胜利。这幅帛画以墨线勾描，线条强劲，顿挫曲折，富于节奏的起伏变化，黑白组合富有装饰的趣味。在人物的唇和衣袖上，可以看出施点过朱色的痕迹。画面呈现出奋发昂扬的勃勃生机。对于这幅画的内容，研究者有多种推测，有人认为，这个妇人就是墓主人的肖像，前头的龙凤正引导她升天；有人认为，这幅画描绘了女巫在为墓中的死者祈祷，并以龙凤引导升天；有人认为，凤与龙的争斗代表了善与恶的斗争，女子正在为善良战胜邪恶而祈祷。

在《人物龙凤图》帛画发现24年以后，在邻近的一座楚国墓葬、湖南长沙子弹库1号墓中又发现了一幅战国帛画。1973年5月，受马王堆汉墓发掘的鼓舞，湖南省博物馆对于曾经出土楚帛的长沙子弹库1号墓进行再一次的发掘，这次发掘最令人意外的收获就是帛画《人物御龙图》的发现。画幅出土时平放在椁盖板与棺材之间，应是引魂升天的铭旌，因年代久远已呈棕黄色。画中有一位头戴高冠的男子，侧身直立，腰佩长剑，手执缰绳，驾驭着一巨龙。龙头高昂，身平伏呈舟形，翘起的尾上立着一只鹭鸟，鹭鸟圆目长嘴，顶有翰毛，仰首向天。画中人物的上方有一舆盖，三条飘带随风拂动。专家认为，这个男子可能是墓主人，画面表示死者的灵魂正在回归天国。在当时的楚国，流行着死后升天的意识。这幅帛画与《人物龙凤图》不仅时代相同，内容也比较近似。两幅画的表现方式也很相近；不同的是，这幅《人物御龙图》所画的人和动物都更加写实，身体的比例关系与现实中的人物更接近些。由此可见，战国时期的绘画表现手法已经不止一种，有的比较写实，有的更具有装饰性，而且已经达到了相当高的水平。这一时期的绘画大致确立了中国工笔画的基本表现手法。严格地说，《人物御龙图》在绘画技巧上比《人物龙凤图》更趋成熟，画面中的人物面向左，而人物的飘带、舆盖上的饰物则向右，表现出较强的方向性和人御龙出行时的动感。中国的传统观念视“龙”为神物，

《人物御龙图》：战国帛画，1973年湖南长沙子弹库一号战国楚墓出土，描绘墓主人御龙升天的铭旌。

是通天地之灵物，它可以载人或神上天或遨游太空。这幅帛画反映出战国时代有关灵魂不灭、乘龙御天的一种愿望。整幅帛画似乎包含着这样的寓意：男子走完了尘世的历程，开始踏上御天之旅。

这幅帛画是迄今发现最早使用金粉彩的作品，人物用流畅的线条勾描，再施以平涂和渲染，画中龙、鹭、舆盖基本用白描勾勒，表现出绘者纯熟的绘画技艺和对状物的精心细致的观察。

马王堆3号墓出土的帛画，数量最多，有《非衣》《车马仪仗图》《车马游乐图》《划船招魂图》《社神图》《丧制图》《导引图》《城邑和园寝图》《天文气象杂占图》《卦象图》《毛人图》。其中最引人注目的是T型的《非衣》帛画。如果说《人物龙凤图》和《人物御龙图》的含义还比较显豁的话，那么，马王堆1号墓中出土的帛画的含义就比较费解了。1972年湖南长沙马王堆1号汉墓出土的T型帛画，是我国已知帛画中画面最大、保存最完整、艺术性最强的彩绘帛画。画面呈“T”字形，上部宽92厘米，下部宽47.7厘米，长205厘米。属旌幡一类的用品，出殡时放在行列前面，落葬后覆盖在棺上。它被称作“非衣”，有引魂升天之意。帛画可分上、中、下三部：上部为天上景象。右上方画太阳，中立金乌一只。太阳下的扶桑树上，又有8个小太阳。左上方画新月，中有蟾蜍、玉兔。一女子乘龙奔向弯月，她可能是嫦娥。中间绘人首蛇身像。下面，两只飞鸟相对，悬着铃铎。再往下，两扇天门内，二守门人拱手对坐。中部为人间景象。一老妇人拄杖而立，她就是墓主人，前有两人捧盘跪迎，后有三女随身伺候。中部下端有玉璧垂磬，磬下摆列鼎壶，描绘了墓主人生前宴饮的场面。下部为地下景观。一巨人站立两龙之上，横跨一条大蛇，双手托举着可能象征大地的白色扁平物。该画画天上以示死者的终身归宿，画人间以示死者生前的荣华富贵，画地下以示阴间的幸福。整个画面布局对称，线条流畅，描绘精细，色彩绚丽，显示了西汉高超的艺术造诣。现藏于湖南省博物馆。

1976年5月，在山东临沂的金雀山发掘出西汉墓1座，定为金雀山9号墓。墓为长方形井穴，本椁一棺，棺内有骨架一具，棺盖及四周裹以麻布，两端各绕三匝麻绳，有一幅帛画平展于麻布之上。这幅长条状《非衣》帛画长200厘米，宽42厘米。以红色细线勾勒，平涂色彩，有红、蓝、白、黑等。上部绘有日月和仙山，代表天界；中间绘有女主人和家人奢靡的生活场景，代表着凡间；下部是难以辨识的怪兽，代表着地界，与马王堆出土的帛画非常相似。主要描绘墓主人的生活情景。在云空和日月之下，但见帷幕中有墓主人及亲属、宾客、仆人等，乐舞、迎送宾客、纺织等情景跃然画面。这是继湖南长沙马王堆汉墓出土帛画之后在长江以北地区首次发现的帛画。它不仅是珍贵的艺术珍品，而且对研究古代的丧葬制度、神话传说和宗教的思想具有重要意义。1977年12月，该墓群被列为省级重点文物保护单位。这幅帛画现在珍藏于山东省博物馆。

## 《文姬归汉图》

蔡文姬名琰，文姬是她的字，后人都习惯称她的字，她的名反而不被提起了。蔡文姬是东汉大文豪蔡邕的女儿，是中国历史上著名的才女。她本是河东卫仲道的妻子，学识渊博，多才多艺，写诗作文，妙于音律。后来丈夫去世，她又没有孩子，便回到了父亲的身边。汉末大乱，她不幸为胡骑所俘虏，被献给南匈奴的左贤王，在匈奴生活了12年，生了一对儿女。曹操和蔡邕的友情很深，对老朋友没有后代非常痛心，又非常珍惜文姬的才华，便派了使者去匈奴，用重金将蔡文姬赎了回来。左贤王同意放文姬归汉，却将她的两个孩子留在了匈奴。但是，蔡文姬终于痛下决心回到汉朝，一组《胡笳十八拍》写尽文姬的痛苦矛盾的内心活动。蔡文姬归汉以后，再嫁屯田都尉董祀。蔡文姬的经历引起了后人广泛的同情，历代文人以她的故事为题材，写诗作文，以文姬归汉为题材的绘画也很多，其中最著名的便是相传为宋人陈居中和金人张瑀所作的同名绘画《文姬归汉图》。

陈居中的《文姬归汉图》撷取故事情节的最高潮，描绘左贤王接见前来迎接文姬的汉使，描写蔡文姬和她的丈夫、孩子告别，即将随汉使者南返、生离死别的一幕。画中的人马分三段罗列，构成明显的空间效果，背景再佐以土坡、黄沙、枯木，更加增添了北国辽阔、凄寒的地域特色。画中马匹的形象，皆宽鼻裂耳，使用大量匀称、劲挺的线描，来表现马匹结实强健的肌肉硬度。宋室南渡以降，由于一再有江南遣使北去，迎接徽宗、钦宗后妃回南的事，所以南宋画家喜作“文姬归汉”的题材，实含有“托古以喻今”的深意。南宋中期，宋、金数度缔约议和，临安朝廷于委屈当中，勉强维持偏安之局。图中举凡人物服饰及器用，莫不描绘细谨，间或以泥金装缀文饰，符合宋代“院体绘画”富丽精致的风格，唯汉朝兵卫，均身着宋式衣冠，而匈奴人士，如左贤王头戴的幅巾、文姬的襜裙，乃至马匹配备等，亦参酌金人制度。

《文姬归汉图》：南宋陈居中绘，描绘东汉末年著名女诗人蔡文姬被匈奴掳去，曹操遣使赎回的故事。

张瑀的《文姬归汉图》，虽然描绘的是汉代的历史故事，却以女真民族为模特儿，人壮马肥，胡服皮衣，风尘仆仆，塞外的气象充斥画面。历代画“文姬归汉”的画家不少，多有象征，且以《胡笳十八拍》取意，分段描绘。张瑀的《文姬归汉图》则不然，整幅取势，略去背景，用飞扬的线条极有韵致地画出风沙弥漫的漠北大地上，一队迎风行进的人马。画面气势开合起伏、高低错落，以实景和虚景相构和的方式展现主题。骑马的汉兵走在前面，他低着头，汉旗半卷，扛在肩上，逆风而行。蔡文姬骑在一匹黑马上，两个马童一手牵着马，一手缩在袖筒里放在嘴边哈气取暖。文姬头戴貂冠，身着胡服，足蹬长靴，双手揽住马缰，直腰挺身，目光凝视前方，一副归心似箭的样子。后面是一群胡、汉的官员。其中除了匈奴的护送人员以外，当然还包括曹操派来接文姬的官员。人马是直观的、实在的，风沙是联想的、虚幻的。通过实在之物的品味，展开广大的联想空间，是中国画构图的奥妙所在。画面的动感很强，细节的描绘很多，人物的衣着、动态、表情都很符合人物的身份。

## 《洛神赋图》

魏晋南北朝时期，时局动荡，朝代的更迭非常频繁，但当时的学术思想却格外活跃。艺术方面，出现了以士大夫阶层为代表的专业画家，其中最突出的是顾恺之。顾恺之（约345—409年），字长康，小字虎头，晋陵无锡（今属江苏）人。时人称之为三绝：才绝、画绝、痴绝。顾恺之喜欢作人物肖像及神仙、佛像、禽兽、山水等。顾恺之的画，意在传神，他提出的“迁想妙得”“以形写神”等论点，对后来绘画理论的发展产生了很大的影响。

当时有个叫裴楷的名士，脸颊上有三根长长的汗毛，别人为他画像时，都不画出来，顾恺之却把这三根汗毛画得特别突出，以此来强调他的特征。有一次，顾恺之为谢鲲画像，把他画在山岩中间，人家问他是什么道理，他说，谢鲲喜欢游山玩水，所以把他画在山岩之间。由此可见，顾恺之很善于用环境衬托人物的个性特征。这些都表现了顾恺之的绘画天才。

东晋兴宁年间，建康（今南京）城中的瓦官寺刚刚建成，僧人们住了进去，设置法会，同时请朝中的官员、社会上的人捐款赞助。当时的官员文人，捐款没有超过10万钱的。唯有顾恺之一下子提出要捐100万钱。顾家清贫，哪来的100万钱？大家以为他只是说大话而已。后来法会上宣布了众人捐款的数目，顾恺之对僧人说：“请贵寺准备一面空白的墙壁，我自有用处。我去那里以后，关好门窗，不许别人进去。”僧人一边答应，一边不免感到奇怪。顾恺之在寺里住了一个月，在空白的一面墙壁上画了一幅巨大的维摩像，将要点眼睛的时候，他对僧人说：“这幅画画好以后，第一天来观看的人，请他捐10万；第二天来观看的人，请他捐5万；第三天来观看的人，随意捐多少是多少。”开门的那天，壁上的维摩像，光照寺院。来观看的人挤得水泄不通。一会儿的工夫，就收到了100万钱的施舍。僧人们高兴得不得了。

顾恺之的绘画作品，唐代《贞观公私画史》一书共著录了17件，张彦远的《历代名画记》中著录了29件，除去重复，一共37幅。由此可见，在唐代，顾恺之的作品就已经保存得不太多，到现在就更为鲜见。传世的作品有：《女史箴图》卷、《洛神赋图》卷、《列女仁智图》卷，但都不是顾恺之的原画。经专家们鉴定，也只是唐宋人的摹本，因为这些画保留了六朝画风的遗韵，所以今人仍把它们作为顾恺之的真迹来研究。《洛神赋图》绢本，设色，纵27.1厘米，横527.8厘米。顾恺之的《洛神赋图》共有三个版本，一为辽宁省博物馆所藏，今人考定为宋摹本；二为故宫博物院藏本，也是宋摹本；三为美国弗利尔艺术博物馆藏本。

《洛神赋图》是根据三国魏王曹操的儿子曹植所著《洛神赋》（原名《感甄赋》）而创作。《洛神赋》被收入《文选》，《文选》的宋人尤袤刻本，在《洛神赋》的注释中所引《感甄记》，其中提到有关《洛神赋》的传说：曹魏的时候，东阿王曹植想聘娶甄逸的女儿，未能如愿。父王曹操却把甄女给了曹植的哥哥五官中郎将曹丕。曹植心里很不平衡，日思夜想，废寝

《洛神赋》图卷（复制）《洛神》局部：东晋顾恺之绘，中国国家博物馆藏。

忘食。曹丕后来代汉登基，成了魏文帝。甄女成了文帝的皇后。有一次，曹植进京，朝见文帝。当时文帝听了郭后的谗言，已经将甄后处死。文帝将甄后的一个玉镂金带枕赠送给曹植。曹植睹物思人，不觉伤心哭泣。不久，曹植便起程，回自己的封地。途中经过洛水，晚上做梦，梦见甄后，表情凄惨，对曹植说："我本想托身于东阿王您，想不到未能如愿。这个玉枕是我的嫁妆，今天送给东阿王您。我死以后，被那郭后用糠塞嘴，这样披头散发的样子，也不好意思见人。"曹植正要安慰甄后几句，忽然惊醒，甄后不见了，竟是南柯一梦。曹植又悲又喜，于是就写了一篇《感甄赋》。后来，魏明帝看了，改题作《洛神赋》。魏明帝是甄后的儿子。因为尤袤的《文选》刻本的李贤注里有这样的记载，所以后来便有人说，《洛神赋》是曹植思念甄后而作。

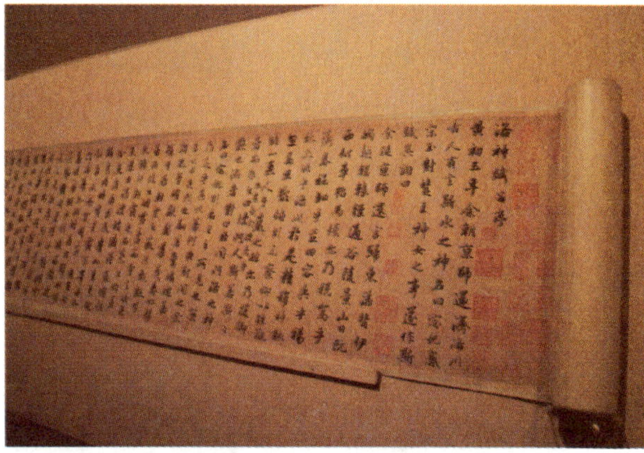

《洛神赋》卷轴（局部）：元代赵孟頫书法作品，美国纽约大都会博物馆藏。

图卷以连环画的形式呈现，逐步展开故事情节。《洛神赋图》描述了作者途经洛水的时候，同神话传说中的洛水女神相会的情景。顾恺之描绘了曹植与洛神相逢又相别的情节，发挥了高度的艺术想象力，富有诗意地描绘了赋中的意境。原作描述的是诗人情场受挫，未能与所爱的人结合，而通过神话寓言，在想象的空间中让自己与洛水边美丽的仙女洛水神相遇，以释放自己对失去情人的伤怀和思念。画卷很好地传达了原赋的思想境界，画中的曹植带着随从，在洛水之滨凝神怅望，仿佛见到思念已久的洛神。远处凌波而来的洛神，衣带飘逸，动态委婉从容，目光凝注，表现了关切、迟疑的神情。二人的思念之情溢于卷面，令人感动。全图设色艳丽明快，线条准确流畅，充满动感，富有诗意之美。画家注重对人物情态的刻画，山石、树木都富有装饰性。这一作品，与同一时期的敦煌壁画有相近的风格，并对后世中国画产生了深远的影响。

# 《簪花仕女图》

周昉（745—804年），字仲朗，又字景玄，长安人。他出身于官宦人家，是一个“贵游子弟”，常活动于卿相之家。一次，周昉奉唐德宗旨，去寺庙绘画，顷刻间引得京城万人前来观看，有说好的，也有指出其毛病的，周昉虚心听取意见，不断修改，一个月以后，直到众口称绝，方才停笔。周昉的肖像画在揭示人物的精神本质上胜过同行。相传唐朝名将郭子仪的女婿侍郎赵纵先后约请韩幹和周昉为他画像，画完以后，赵纵将两幅画像挂在一起，一时难定优劣，便向夫人征求意见。赵夫人点评道：“两画皆似，前画者空得赵郎状貌，后画者兼移其神气，得赵郎性情笑言之姿。”一语道出周昉的人物画形神兼顾的风格。

《宣和画谱》说他“多见贵而美者”，善画“贵游人物”，且作“浓丽丰肥之态”，“以唐人所好而图之”。宋徽宗所收藏的周昉的72幅作品，几乎有一半是仕女画。周昉的仕女图很能迎合当时上流社会的审美趣味。而《簪花仕女图》是唐代仕女画的又一高峰，也是周昉仕女画的代表作。

《簪花仕女图》（局部）：辽宁博物馆“清宫散佚书画国宝展”展品。

《簪花仕女图》，绢本设色，纵46厘米、横180厘米，现藏辽宁省博物馆。描写贵族妇女春夏之交赏花游园的情景。全图分为四段，分别描写妇女们采花、看花、漫步和戏犬的情形。人物线条简劲圆浑而有力，设色艳而不俗。此卷传为周昉真迹，一说系晚唐之作，亦有论作五代画迹的。作者画四位嫔妃和两位侍女，描绘她们逗犬、执扇、持花、弄蝶的情景，突出主要人物，这是中古时期人物画常用的表现手法。画中的犬、鹤和辛夷花表明了人物活动的时间和地点，是在春色满园的宫苑。从画面上看，有仙鹤、小兽、湖石、花草。其中仙鹤与小犬的描绘，毛发渲染得十分细腻，运用线条的手法既简单又准确。

全图采取平铺列绘的方式，卷首与卷尾中的宫女均作回首顾盼宠物的姿态，互相呼应，将通卷的人物活动融为一体。纱衣长裙，花髻招展，这是当时的盛装，艳丽的大牡丹，素净的茉莉花，加以黑发的衬托，显得分外的高雅、华贵和明丽。设色匀淡，素雅大方。《簪花仕女图》的又一成功之处在于服饰的描绘。这一点历来为人所称道。对于仕女披纱的透明效果，服饰的花纹装点，还有深色纱袖中沿边线而勾勒的白线，都是以前工笔画中极少见的特殊技法，即使是一麈拂尾、一柄团扇，也无不精心刻画，一丝不苟。在色彩的辅佐下成功地展示出纱罗和肌肤的质感。工整而没有繁冗之病，浓丽而无俗艳之态。手臂上的轻纱敷染淡色，深于露肤而淡于轻纱，恰如其分地表现出滑如凝脂的肌肤和透明的薄纱，柔和而恬静。周昉特别善于描绘仕女们的闲适生活，能够抓住宫廷妇女的不同身份，从服饰到精神状态，给予传神的描绘。仕女衣着华丽，动作悠闲，她们在庭院中无所事事，侍女们持扇相从。仕女的心态微妙地展示在绢上，忧郁、感伤、悲叹、惆怅。

周昉的仕女画，绰约丰姿，雍容华贵，使人充分领略到唐代仕女以丰腴为美的风采。现在从出土的大批中、晚唐时期的陶俑来看，画中仕女的服饰真实地反映了当时的女性时装文化。画和俑的造型都呈现出同一种审美取向和精神面貌。

周昉有许多艺术上的独到之处，表现出很强的创新能力，他创制出的“水月观音”，将观音绘于水畔月下，体态端严，颇有艺术魅力。这不仅为众多画工所仿，而且也成为雕塑工匠的造型样式，流传极广。更重要的是，后人将周昉的人物画特别是仕女画和佛像画的造型尊为“周家样”，与“曹家样”（北齐曹仲达创）、“张家样”（南朝梁张僧繇创）、“吴家样”（唐代吴道子创）并立，合称“四家样”，是中国古代最早具有画派性质的样式，为历代画家所推崇。

北宋以前有关此画的收藏，并无记载可考，后来进入南宋绍兴内府，后又落入权相贾似道手中。元、明时期流入民间，清初的时候为著名鉴赏收藏家梁清标、安岐递藏，以后进入清内府。见于《中兴馆阁录》、《阅古堂》《墨缘汇观》《石渠宝笈》《石渠随笔》等著录，是流传有序的珍品。

1984年3月24日，《簪花仕女图》被印上了邮票。邮票共3枚，分别选取了采花、漫步和戏犬这三个场景，另有1枚小型张，以横卷的形式展示了整个画面。1998年11月初，在北京国际钱币博览会上，由中国人民银行发行、中国金币总公司总经销的一枚彩色纯银“唐代·簪花仕女图”5盎司方形纪念币面世。正面图案为中华人民共和国国号、年号、唐代长安大明宫含元殿；背面图案为唐代周昉著名作品“簪花仕女图”。背面币坯采用喷砂工艺处理，古代仕女人物、服饰等采用古画原色，具有古朴、华丽的效果。

## 《步辇图》

唐代是人物绘画的丰收期。道释之外，肖像画、仕女画风靡一时。这一时期，画家众多，留下不少高水准的作品。阎立本是这一时期名扬四海的人物画画家。

阎立本(601—673年)，雍州万年（今陕西西安）人。他出身贵族，一家人都擅长绘画。父亲阎毗，在隋代做官，以画著名，同时又擅长建筑工程。哥哥阎立德，不但是一个画家，而且是工程学家兼工艺家。阎立本继承家学，尤长绘画。阎立本曾经师法张僧繇、郑法士以及他的父亲阎毗。他对于张僧繇（南朝梁画家，吴人）的绘画作过认真的研究。阎立本善于画道释人物、山水、鞍马等，尤以道释人物画著称，曾在长安的慈恩寺两廊画壁画，称誉一时。《宣和画谱》所载宋代内府收藏的阎氏作品，道释题材占了半数以上。阎立本曾为当时的皇宫画有不少作品，文献上记载的有《秦府十八学士图》《凌烟阁功臣二十四人图》《异国来朝图》等，不少肖像画是为了表彰功臣勋业而创作的。可惜没有保存下来，传世的仅有《步辇图》和《历代帝王图》。阎立本在艺术上继承南北朝的优秀传统，认真切磋加以吸收和发展。从传为他的一些作品中所显示的刚劲的线描，较之前朝具有丰富的表现力，古雅的设色，沉着而又有变化，对人物的精神状态有细致的刻画，超过了南北朝和隋朝的水平，被誉为“丹青神化”而为“天下取则”，在绘画史上具有重要地位。阎立本不但是个画家，而且有政治才干。他曾经做过将作大匠，掌管皇家的营造事业。总章元年(668年)擢升为右相。当时有“左相（姜恪）宣威沙漠，右相（阎立本）驰誉丹青”的说法。《唐书》上说，有一天，太宗李世民与侍臣泛舟春苑池，玩得十分高兴，让侍臣们作诗，并召阎立本来作画。当时，侍从们一片声地传呼“画师阎立本”而不称呼他的官号。立本应诏而来，一边画画，一边羞愧得汗流浃背。回家以后，阎立本告诫儿子们说：“我小时候读书，不比同辈少，现在偏偏以画出名，和仆隶一样。你们长大以后千万不要学画画。”由此可见，当时的画师是被人看不起的。画师自己也有一种职业的自卑感。阎立本虽然已经身居高位，但当人们把他看作画师时，还是觉得非常羞愧。

《步辇图》是阎立本的传世之作，描绘的是一个

《步辇图》（局部），唐代画家阎立本绘，中国北京故宫博物院藏。此画描绘在宫女簇拥下坐在步辇中的唐太宗，左侧两人前为典礼官，后为禄东赞。

历史性的场面：贞观十四年（640年）10月，唐太宗李世民会见吐蕃（今西藏地区）赞普松赞干布派来迎娶文成公主的使者禄东赞。图中唐太宗两眼平视，表情既庄重，又威严，静穆从容。典礼官沉着老练，司仪平和自然。使者禄东赞头戴民族小帽，身穿藏服，表情严肃，眼中闪烁着智慧的光芒。译员穿着白色衣服，由于地位低下，事情重大，不免显得有些拘谨惶恐。9位宫女，前后左右排列。有抬辇的，有扶辇的，有持扇的，有张伞的，各具情态。抬着步辇的宫女，形象娟秀清俊，发式和服装都具有初唐的特点。太宗形象是全图的重心所在。作者作了精心的设计，给以生动细致的刻画。他笔下的唐太宗面容俊朗，目光深邃，神情庄重，顾盼之间，充分展露出盛唐一代明君的风范与威仪。为了更好地突出唐太宗的至尊风度，作者运用对比手法进行衬托表现。宫女们娟秀娇小、稚嫩文静，她们或执扇或抬辇、或侧或正、或趋或行的体态映衬出唐太宗的壮硕、深沉与矜持；禄东赞诚挚谦恭、持重有礼，衬托出唐太宗的端肃平和、蔼然可亲之态。全图不设背景，以摹绘人物为主，结构上自右向左，由紧密而渐趋疏朗，中心突出，层次鲜明。从细部描摹来看，作者的表现技巧已相当纯熟。衣纹器物的勾勒，墨线圆转，流畅中略带坚韧，畅而不滑，顿而不滞；主要人物的神情举止栩栩如生，写照之间更能曲传神韵；图像局部配以晕染，如人物所着靴筒的折皱等处，显得极具立体感；全卷设色浓重淳净，大面积的红绿色块交错安排，富于韵律感和鲜明的视觉效果。人物和服饰以铁线描勾写，细谨挺劲，须、眉、发，根根清晰，一丝不苟，极其传神真实。从阎立本的作品可以看出，人物形象仍多趋于清俊娟秀，带有魏晋遗风，显示了初唐人物画的审美倾向和继承关系。唐代的人物画也由此开始，逐步向盛唐时期“体态丰腴”的审美观转变。

清朝末代皇帝溥仪逊位，清廷收藏的书画珍品大量地流失。溥仪大肆窃取宫中书画珍品，以其弟弟名义，偷偷带到宫外，其中手卷字画达1200多件，挂轴、册页200多种，皇宫的不少书画珍品后来在天津被他私自卖掉。《步辇图》就是被溥仪在天津随便卖掉的，而得到《步辇图》的主人并没有再转卖给外人，只是将画送给女儿做了嫁妆，由女儿带到福建婆家。中华人民共和国成立后，《步辇图》被完整地捐赠给了政府。现藏故宫博物院。

## 《韩熙载夜宴图》

五代的时候，局势非常混乱，政权的更迭非常迅速，正像《红楼梦》中所唱的“乱哄哄你方唱罢我登场”；但在绘画史上却是一个生气勃勃的时代。南唐的中主李璟、后主李煜都喜欢书画，他们采取西蜀孟昶的办法，在宫廷设立翰林图画院。各地的画家闻讯而来。一时间，高手云集，其中就包括著名的画家顾闳中（江南人，翰林待诏）。

《韩熙载夜宴图》的主人自然是韩熙载，可韩熙载又是何许人呢？韩熙载（902—970年），字叔言，北海（今山东潍坊）人。年轻时在洛阳一带就很有名声。唐朝末年登进士第，后来逃往南方避乱，曾任南唐中书侍郎，光政殿学士承旨等官。韩熙载定居南京后的寓所，在今南京中华门一带，《上江志》载：“戚家山，在江宁城南聚宝门外，南唐韩熙载居此。”韩熙载自视甚高，开始时踌躇满志，却没有得到重用，感到非常失望和抑郁。后来后主李煜要用他为相，他却又感到世事日非，无意做官了。他沉迷声色，诗酒自娱，借此表示自己在政治上并无野心。据史书记载，韩熙载家光是歌伎就有40多人。韩熙载精通音乐，能歌善舞，擅长诗文书画。他为人放荡不羁，据说朝廷给他的俸禄，全被姬妾分去，他就穿上破衣，背起一个竹筐，扮成乞丐，走到各姬妾住的地方去乞食，以为笑乐。尽管如此，后主李煜对他还是不放心，特意派画院的“待诏”顾闳中和周文矩（句容人，翰林待诏）到他家里去，暗地窥探韩熙载的活动，命令他们把所看到的一切如实地画下来交给他看。

顾闳中和周文矩到了韩熙载家以后，正好碰上韩熙载在家夜宴，灯红酒

### 李煜

李煜（937—978年），五代十国时期南唐国君，世称李后主。李煜政治上毫无建树，974年，宋军攻破南唐都城，李煜被俘至汴京，后因作感怀故国的名词《虞美人》而被宋太宗毒死。他精书法，善绘画，通音律，诗文均有一定造诣，以词的成就最高，被称为“千古词帝”。作品《虞美人》《浪淘沙》《乌夜啼》等词千古流传。

《韩熙载夜宴图》之《听琵琶》（局部）：此画描绘宾客们聆听歌伎演奏的场景。

《韩熙载夜宴图》：五代南唐顾闳中绘，纵28.7厘米，横335.5厘米，绢本，设色，北京故宫博物院藏。

绿，热闹非常。顾闳中发现，宾客中有当年的新科状元郎粲、太常博士陈雍、紫薇郎朱铣等官员和教坊副使李嘉明，此外就是一些当时著名的歌女和舞女，花枝招展，娇姿媚态，难以形容。夜宴的气氛异常热烈，宾主觥筹交错，大有今朝有酒今朝醉的意思。回去以后，顾闳中和周文矩根据自己的所见所闻，目识心记，各自绘制了一幅《韩熙载夜宴图》送给后主李煜。韩熙载是何等聪明的人物，当然明白顾闳中、周文矩他们的来意，整个夜宴中，韩熙载胸无大志、不问时事、沉湎酒色、贪图享乐的人生态度表现得淋漓尽致。现存的《韩熙载夜宴图》只是摹本，但这一卷摹本已经足以使它的作者在中国绘画史上留下自己的名字。

《韩熙载夜宴图》共分五段，第一段描绘韩熙载在宴会进行中与宾客们听歌女弹琵琶的情景，生动地表现了韩熙载和他的宾客们全神贯注侧耳倾听的神态。第二段描绘韩熙载亲自为舞女击鼓，所有的宾客都以赞赏的神色注视着韩熙载击鼓的动作，似乎都陶醉在美妙的鼓声中。第三段描绘宴会进行中间的休息场面，韩熙载坐在床边，一面洗手，一面和几个女子谈话。第四段是描绘韩熙载坐听管乐的场面。韩熙载盘膝坐在椅子上，好像在跟一个女子说话，另有5个女子在做吹奏的准备。她们虽然坐在一排，但各有各的动作，毫不呆板。第五段是描绘韩熙载的众宾客与歌女们谈话的情景。在场景之间，画家非常巧妙地运用屏风、几案、管弦乐品、床榻等之类的器物，使之既有相互连接性，又有彼此分离感；既独立成画，又具有整体感。这幅画达到了

极高的艺术水准。1000年来，凡是著录此画的古籍，都对它有极高的评价。

《韩熙载夜宴图》原两幅，但周文矩所作的一幅早已失传，今天我们见到的是顾闳中的作品。该图为手卷形式，画面中乐曲悠扬，舞姿曼妙，笑语喧哗，每段中出现的韩熙载，面部角度、服饰、动作表情各有不同。在艺术处理上，采取了传统的构图方式，打破时间概念，把不同时间中进行的活动组织在同一画面上。全画的组织连贯流畅，人物众多，却安排得宾主有序，繁简得度。

这幅图有些画面没有画出墙壁、门窗、屋顶，也没有画出光暗及灯烛，但通过人物的活动，却能让观众感到宴乐是在室内的夜晚进行，体现了中国传统绘画的简练手法。

《韩熙载夜宴图》（局部）：此画描绘歌伎演奏管籥。

《韩熙载夜宴图》在用笔着色等方面达到了很高水平。全画工整精细，线条细润而圆劲，人物衣服纹饰的刻画严整又简练，对器物的描写真实感强。设色既浓丽又稳重，比例透视有法度可寻，是一幅有重要历史文物价值和杰出艺术成就的古代人物画精品。

为了让更多的人有机会欣赏到这幅稀世珍品，1959年，荣宝斋画店决定将这幅画用木版水印的方法复制出来。直到1979年，复制品《韩熙载夜宴图》才终于问世。前后用了整整20年。其中实际工作耗时8年。为了追求原作的效果，老工笔画家陈林斋在故宫博物院用了两年时间一笔一画地重现了这幅经典之作。摹本酷肖原作，几可乱真。《韩熙载夜宴图》一共刻版1667块，全部出自刻版高手张延洲刀下，严密精确，可谓鬼斧神工。

## 《清明上河图》

北宋张择端绘制的不朽杰作《清明上河图》，是我国绘画史上的无价之宝。《清明上河图》画的不是山水，不是帝王将相，不是一个两个人物，而是对北宋汴京的世俗社会、市井生活作了细致的描绘。它是一幅长卷的风俗画，生动地再现了北宋汴京承平时期的繁荣景象。虽然在画中我们已经看不到唐代绘画的雄健气势，却看到了更加精致、更加多样、富有人情味的通俗画卷。在《清明上河图》中，市井社会的三教九流纷纷登场，士、农、工、商、医、卜、僧、道、篙师、纤夫、乞丐、男仆女奴，应有尽有；有的在赶集，有的在做买卖，有的在闲逛，有的在饮酒，有的在交谈，还有推

《清明上河图》（局部）：明代仇英摹本，辽宁博物馆“清宫散佚书画国宝展”展品。

舟的，拉车的，乘轿子的，骑马的。我们在画中能看到汴京的大街小巷、店铺杂陈、河港船舶、亭台楼阁、茅舍村落。将画中的描绘与文献的记载相对照，无不一一符合，与《东京梦华录》中所记述的街巷、酒楼互相呼应。这幅画在人物造型的处理上，在街巷、车船的安排上都非常巧妙。有人统计，《清明上河图》上共有各色人物550多人，比古典小说《三国演义》《水浒传》《红楼梦》中描绘的人物都要多。各种牲畜50多头，房屋30多幢，船只20多艘，车轿20余乘。

张择端，字正道，是北宋、南宋之交的画家，东武（今山东诸城）人。《清明上河图》是张择端在宋徽宗朝任翰林画院画师时所作。据说张择端还画有一幅《西湖争标图》，描绘西湖端午节龙舟比赛的盛况。南宋时，临安即出现仿品，但仿者根本看不到原作，只能凭传说、文字记载构图成卷。张择端没有其他的作品传世，但是，仅此一幅《清明上河图》，便足以使他青史留名，蜚声画坛。

张择端完成这幅歌颂太平盛世的历史长卷后，首先将它呈献给了宋徽宗。宋徽宗因此而成为此画的第一位收藏者。偏偏亡国之君而多才多艺，擅长书画的宋徽宗酷爱此画，用他著名的“瘦金体”书法亲笔在图上题写了“清明上河图”5个字，并钤上了双龙小印。这件价值连城的传世杰作，在问世以后的800多年里，成为无数名人权贵追逐的目标，换了无数的主人。据说《清明上河图》最先由宋徽宗收藏于北宋宫廷，后来汴京沦陷、北宋灭亡，金兵掳走了徽、钦二帝，洗劫了宫中的宝物，偏偏《清明上河图》却流传于民间，元灭金后，这幅奇画第二次进入皇宫。元代至正年间（1341—1368年），宫中有个装裱匠，用临摹本把真本换出，卖于某真定守，后又卖给武林（今杭州）的陈彦廉，陈怕事情败露而惹祸，又急于用钱，就将画卖给了博雅好古、寓居北京的杨准。

有人说，明代的嘉靖年间（1522—1566年），奸相严嵩（1480—1567年，江西分宜人）把持朝政，他的儿子严世蕃仗势横行乡里，他们得知《清明上河图》是无上神品，便派人四处搜寻。此时，画存于陆完家，陆完死后，夫人把画藏在绣花枕中，秘不示人。夫人有一个外甥姓王，长于绘画，乖巧善谈，趁夫人高兴时，要求看画。夫人一时不好意思推辞，便允许他坐在小阁中不带笔墨，限定时间观看。王生聪明过人，经过多次的观赏，对画中的房屋、街道、舟车、人物构图布局，默记在心，回去之后，就将全图临摹仿制，流传于世，但真品终归落入奸相严嵩之手。

有人说，太仓的王忬（1507—1560年，苏州太仓人）家收藏有《清明上河图》。严世蕃听到这个消息，便派人向王忬示意，威胁利诱，想索取此画。严世蕃料想，凭自己的权势，王忬也不敢不把画交出来。王忬得知严贼的意思以后，心里好生为难，交也不是，不交也不是：交吧，实在舍不得；不交吧，如何得罪得起权势通天的严家！最后，王忬作出了一个大胆的决定：秘密地重金聘请一位高手临摹了一幅赝品献给严世蕃。严世蕃见了王忬献来的稀世之宝，乐得眉开眼笑，乐不可支。谁知平地里出来一个小人，点破真相，酿成一桩弥天大祸！这个小人不是别人，就是王家的一个裱褙匠汤勤。要说汤勤的来历，王家还是他的恩人。从前，汤勤流落异乡，归家不得，是王家看他可怜，收留了他，让他做个家人；谁知他后来景况好起来，跑到严家，一心想着攀附严家这棵大树，却又苦于没有适当的机会，王忬的伪画正为他卖身投靠严家提供了一个难得的机会。正当严世蕃鉴赏名画、洋洋得意之际，汤勤在一边冷冷地说道："可惜是个假货。"严世蕃一听，大吃一惊："此画当真是假？！"汤勤便指着画，一点一点地说出它的破绽。严世蕃这才如梦方醒，不禁大怒："王忬老贼，你不愿送我也就罢了，怎敢拿假画哄我！"话虽然是这么说，但严世蕃的心里也十分鄙薄恩将仇报的汤勤，这样的小人，谁能保证他日后不出卖自己！从此严世蕃再也不敢重用他。严世蕃虽然将王忬恨之入骨，却没有声张，只是等待着适当的机会。王忬提心吊胆地将伪画献了上去，等了一阵，看看没有什么动静，以为瞒了过去，心里慢慢地安定下来。却说王忬总督蓟辽，俺答入侵大同。严世蕃唆使一个姓方的御史弹劾王忬，说王忬御边无术，严世蕃用这个罪名，矫旨将王忬处死，算是报了私仇。这就是著名的"伪画致祸"的辛酸故事。王忬的儿子大名士王世贞（1526—1590年，文

北宋《清明上河图》建筑模型：河南博物院藏。

学家）痛心于父亲的冤死，要复仇，却没有一点办法。据说，有一天，偶然地见到严世蕃，严问王，市面上最近有什么好看的小说。王世贞突然听到严氏的提问，不知如何回答，正好看到金瓶中插着梅花，便说有一种小说叫《金瓶梅》，很有意思，值得一看。严世蕃便让王世贞去弄一本来看看。王世贞回家以后，苦思数日，借《水浒传》里西门庆的故事作由头，编撰出《金瓶梅》的故事，献给严世蕃。严世蕃读了，爱不释手，看得废寝忘食。严世蕃最喜欢修脚，王世贞便贿赂修脚工，让他在严世蕃读书的时候，假装修脚，给严世蕃脚上擦一点腐药。天长日久，严世蕃的脚烂了，再也不能上朝了，而他的父亲严嵩年老昏昧，没有儿子严世蕃给他出鬼点子，便渐渐地失去皇帝的欢心，后来终于被御史邹应龙等弹劾倒台。

有人说，《清明上河图》入宫以后，隆庆帝不喜欢字画，成国公朱希忠趁机奏请皇帝把画赐与他，皇帝却让估成高价，抵其俸禄。画将要给朱时，有个小太监得知此画价值连城，便将画盗走，正要出宫，管事人来了，小太监急将画藏到阴沟里，恰遇当天下雨，一连三天，画已腐烂，不堪收拾。

有人说，《清明上河图》入清后，曾为陆费墀、毕沅收藏，嘉庆二年（1797年）毕沅去世。后来毕家被抄，《清明上河图》第四次入宫，被收在紫禁城的迎春阁内。此后，《清明上河图》一直在清宫珍藏。

辛亥革命后，溥仪（宣统）逊位，仍居宫中。1925年，据说他离宫之前，将宫中珍玩字画盗往天津，《清明上河图》即在其中。后来伪满成立，溥仪当了儿皇帝，他将此画带到长春皇宫。1945年东北解放前夕，溥仪仓皇出逃，将此画带至通化，不忍丢掉，被我军缴获，收藏于东北博物馆，1955年拨交故宫博物院。

"文化大革命"中，林彪四大干将之一李作鹏，曾利用权势将《清明上河图》强行从故宫博物院"借"出，据为己有。他还伙同邱会作、吴法宪等人一起，霸占了其他一大批珍贵文物。林彪倒台后，《清明上河图》才又重见天日，如今依然珍藏在故宫博物院中。

据图后明人李东阳的题跋考据，《清明上河图》前面应还有一段绘远郊山水，并有宋徽宗瘦金体题签和他收藏用的双龙小印印记，现在徽宗的题签和印记在画上都已不见。原因有两种，一种可能是因为此图流传年代太久，经无数人之手把玩欣赏，开头部分便坏掉了，于是后人装裱时便将其裁掉；一种可能是因宋徽宗题记及双龙小印值钱，后人将其故意裁去，作另一幅画卖掉了。

现在，各地公私藏家手中还有许多摹本和伪造本，有人统计，现存《清明上河图》有30多本，其中大陆藏10余本，台湾藏9本，美国藏5本，法国藏4本，英国和日本各藏1本。

北京故宫的这一卷为绢本，淡着色，高24.8厘米，横528.7厘米，分郊外、汴河、城市三段描绘了京城汴梁内外及汴河两岸的繁荣景象。第一段描写郊外景色。薄雾清晨，春芽初吐，农舍掩映，阡陌纵横，汴河码头，一片繁忙。第二段写临河情景。古柳参差，船只来往，拱桥似虹，茶肆俨然，熙熙攘攘，车水马龙，人声鼎沸，热闹非凡。第三段写街市中心的情况。但见店铺酒楼，买卖兴隆，五光十色，货物繁多，男女老少，摩肩接踵。

1981年，孔宪易写了一篇文章《清明上河图的"清明"质疑》，文中提出，画面所展示的具体形象，譬如驴子驮炭，成人、儿童光膀光身，拿着扇子，戴着草帽、竹笠，设着茶水摊、卖瓜摊，写着"新酒"的酒旗，说明画中所绘，并非清明，而是中秋时节。他认为这幅画说的是从清明坊到虹桥段上河的景色。

# 《芙蓉锦鸡图》

宋代立国以后，便设置翰林图画院，罗致流散在各地的画家。后蜀和南唐灭亡以后，那里的很多画家纷纷集中到北宋的京师汴京。北方的一些有名的画家也来到汴京，所以北宋初年的画院具有雄厚的实力。翰林图画院通过考试择优录取画家并授予职称，其职称有画学正、艺学、祗候、待诏、供奉，求职称者称画学生。当时应诏的画家有3000多人，录取的只有100多人，可见考试是非常严格的。为了考查画家的想象力和表现技巧的才能，往往以唐人一二句诗命题。有一次，画院命题为“踏花归去马蹄香”，许多画家都画马画花，其中有一位应试者很有想象力，他画了数只蝴蝶飞逐马后，形象地再现了“归去马蹄香”。宫廷的画院由帝王直接控制，所以画院的兴衰与帝王的爱好有直接的关系。宋徽宗赵佶对内横征暴敛，对外屈辱苟安。靖康之变，汴京陷落，他和儿子钦宗做了金兵的俘虏，后来病死在五国城（今黑龙江依兰）。亡国之君多才艺，宋徽宗赵佶是个昏君，同时又是中国历史上著名的多才多艺的皇帝。他爱好文学，精通绘画艺术，还能写一手“瘦金体”。徽宗对画院十分重视，也特别有兴趣。他收集古今名画10000多件，敕编《宣和画谱》20卷。身为皇帝的他，亲自出题，招考绘画人才。他千方百计地提高画家的政治地位，亲自到画院指导，提倡写生，对于推动和促进宋代绘画事业的发展贡献不小。据说，有一座殿堂修筑完成，名手画家们绘制的全部壁画都没有引起赵佶的重视，他只注意某殿前柱廊栱眼中，一个年轻画家画的斜枝月季花。他认为这斜枝月季花最好，因为月季花四时朝暮，花蕊叶都不相同，而这枝月季花是表现春季中午时候的姿态。有一次赵佶叫画家们画孔雀升墩屏障，画了几次都不满意，问他为什么？他指出：孔雀升墩，一定先举左脚，而画家们画的都是举右脚。由此可见，徽宗欣赏的是精细的观察和巧妙的表现。上有所好，下必甚焉，当时画院中流行的画风也就可想而知。

赵佶传世的花鸟画作品不少，其中最著名的

《芙蓉锦鸡图》：北宋宋徽宗赵佶绘，中国北京故宫博物院藏。

是《芙蓉锦鸡图》。除《芙蓉锦鸡图》外，还有《腊梅山禽图》《祥龙石图》《柳鸦芦雁图》《四禽图》等。他的画宋代倒没人怀疑是御用画家代笔的，问题是在明代提出来的，这是个有待于进一步深入研究的问题，并不妨碍我们从中认识北宋花鸟画的一般特征。形体的精雕细刻，色彩的艳丽细腻，以及重视飞禽的动态描写，可以代表宣和时期院体花鸟画的风格。

《芙蓉锦鸡图》高81.5厘米，横53.6厘米，现珍藏北京故宫博物院，是北宋赵佶的代表作之一。它体现了宋代花鸟画的成就及其特色，也代表了皇家宫廷“院体”花鸟画的一种艺术风格。我国花鸟画的发展具有悠久的历史传统。从中唐边鸾创折枝写生之法以后，已初具规模；到五代黄筌、徐熙并起，遂臻成熟，成为与人物、山水鼎足而立的画科。而两宋时期的花鸟画更是达到了巅峰状态，成为我国美术史上的一个黄金时期。《芙蓉锦鸡图》画面自题五言绝句一首：“秋劲拒霜盛，峨冠锦羽鸡。已知全五德，安逸胜凫鹥。”右下角题有“宣和殿御制并书”，还有赵佶本人的签名，它是识别赵佶作品的特殊标志。从画的题意说，并没有什么深意。据儒家“瑞应”说，雉（锦鸡）乃“圣王”出世的象征，赵佶在题画诗中宣扬雉有“文、武、仁、信、德”五德，以此自比，为自己涂脂抹粉，树碑立传，掩盖自己的昏聩糊涂；不过，从表现技巧上说，不失为一幅珍品，值得借鉴。画上芙蓉一枝，华丽丰润的锦鸡停立其上，略呈弯曲，使静态转化为动态，也增添了花的活力，柔润的美感。锦鸡全身的毛羽设色鲜丽，曲尽其妙，俱为活笔。回首凝视着翩飞的双蝶，表现出刹那间跃跃欲试的神态。画面中花、鸟、蝶本是相对独立存在的，通过花枝下垂，留出了画面中心一块空间，通过锦鸡回首这一动作，使三者紧密联系，互相呼应。画面的构图独具匠心，作者仅取整体中的右边的局部，因此菊花花枝向右倾斜，天衣无缝地填补了画面空白。芙蓉枝叶之俯仰偃斜，渲染了金秋之气氛，衬托出全图位置高下的层次。芙蓉斜刺向上，使观者凝神于飞舞之双蝶。每一片叶均不相重，各具姿态，而轻重高下之质感，耐人寻味。笔法上为双钩重彩的工笔之作，花鸟造型准确生动，风格工整端丽，表现出平和愉悦的境界。用笔之精娴熟练，双钩设色之细致入微，空间分割之自然天成，均足以代表北宋宣和间院体画的水平。元代赵孟頫曾赞誉说："道君聪明天纵，其于绘事，尤其精妙，动植之物，无不曲尽其性，非人力所及。"

## 敦煌壁画

敦煌的壁画现存45000多平方米，如果排成2米高的壁画墙，长度可达22公里。敦煌壁画所表现的大都是佛教内容，如经变、本生、佛传、供养人及因缘故事。从内容来看，有佛说法图、佛传故事图、本生故事图、菩萨图、经变图等等。

早期洞窟的显著位置都绘有说法图，描写世尊在苦行6年以后，向弟子说法的情景。当然，所依据的经典不同，本尊和菩萨的名目也就会有所不同。说法图中，佛盘腿坐着或是站在中间，手结转法轮印，头有项光，身后有火焰，头上有宝盖，样子很神秘，使那些善男信女看了不由得肃然起敬。两边是他的两位大弟子。早期的说法图，佛比菩萨要大一倍。隋代以后，各尊像的比例渐趋自然，飞天也更为活泼可爱。

说法图以外，又有连续性的佛传图，好像如今的连环画。佛传图的主要画面和情节是：佛陀由燃灯佛护送，从天而降，乘白象进入母胎。朦胧之中，净饭国国王和摩耶夫人同时梦见有一人乘白象入胎。算命的相师说，这男孩生下来当能成佛，好像生男孩是肯定的了。国王听了很是欢喜。十个月以后，四月八日那天，摩耶夫人出游兰毗尼园，攀无忧树枝，太子突然从右肋降生。太子刚一坠地，就向十方各行七步，右手指天，说："天上天下，唯我为尊。三界皆苦，吾当安之。"每步均生莲花。天空中天人散花奏乐，另有九龙吐水为太子浴身。母子两人一起回宫，国王欢天喜地，带领百官出迎。太子长大成人以后，见到人间的生、老、病、死种种苦难，闷闷不乐，萌发了出家的念头。他坐在树下，苦思苦想，寻求解脱的道路，辗转反侧，夜不能寐。国王得知太子的想法以后，命令侍卫严守皇宫，以防太子出走。可是，太子主意已定，他乘了一匹白马，逾城离宫，由夜叉开道，天人导引而行。太子落发出家，四处访道，最后到山中修行，在尼连禅河中洗澡，诸天散香花遍于河中。魔王波旬听说菩萨来到境内，命令魔女们去菩提树下，以花容月貌、种种妖娆的姿态来诱惑他，但菩萨无动于衷。魔王又让夜叉用山石、兵器，并毒蛇、恶火等威胁菩萨，又被菩萨眉间放出白毫相光破火，魔众降伏。至此，菩萨的信仰和意志经受了最严峻的考验。

释迦牟尼的前生故事，叫做本生故事。本生故事图构成了敦煌壁画的又一道风景。在早期的佛教经典中，吸收了许多印度古老的民间寓言和故事，我们从这里可以看到来自南亚民族的想象力。从本生故事来看，释迦牟尼降生于净饭王家，为太子之前，就已经具有悲天悯人的伟大人格，他行善积德，终成正果。从本生故事中，人们感受到的是佛的人格之伟大。敦煌第257窟西壁九色鹿本生，采用汉代画像的横卷形式，从两头开始，中间结束，描绘出9个场面。佛经上说：有一个人坠入水中，行将淹没，挣扎呼救，正逢菩萨化身的九色鹿路过水边，他闻声而至，奋不顾身跳入水中，将溺水的人驮上岸来。溺水的人愿作奴仆以报答鹿的救命之恩，但是，鹿谢绝他的报答，并请他不要泄露自己的住处，溺水的人应诺而去。与此同时，王后致和得梦，梦中见到一只鹿，毛有九色，双角如银，王后想剥取美丽的鹿皮作衣服，用鹿角作首饰。国王于是重金悬赏捕捉九色鹿，溺水的人见利忘义，向国王密告鹿的住处。国王率兵入山捕鹿，四面合围，鹿无处逃脱，跑到国王的面前，揭露溺人贪图富贵、出卖救命恩人的来龙去脉。国王得知真相以后，下令全国，禁止捕猎九色鹿。忘恩

负义的溺水之人得到报应，周身生疮。王后则因为阴谋未得逞，恚愤而死。9个画面都是选取关键的情节，尤其是溺人告密的场面，最能表现人物心理的微妙之处。侧身依偎在国王身边的王后，回头看着跪在宫门外的溺人，右臂撒娇似的搭在国王肩上，食指翘起，在国王肩上扣打，长裙下露出光脚，晃动着翘起的脚指。这些生动的细节刻画，深深流露出她怂恿国王加害九色鹿的内心活动，表现出她阴险狠毒的思想性格。北周290窟6条并列的佛传画，长达25米，共80多个画面，前后衔接，从乘象入胎、树下诞生一直到夜半出城、树下苦修，描绘释迦牟尼的生平事迹，是我国现存的早期传记性连环画。

菩萨图也是敦煌壁画中极富特色的一类作品。早期的菩萨像是男性，唐代以后逐渐转化为女性，面庞丰满，舞姿婀娜，表情温柔。在中国，菩萨就是善良的代名词。菩萨之中，名气最大的便是观音，其次便是文殊和普贤。文殊和普贤是陪侍在佛尊左右的，所以地位很高。后唐同光三年（925年）三月二十五日，归义军节度押衙翟奉达请人根据中原传来的画样，在自家的窟中，绘制了一幅引人注目的“新样文殊”像。所谓“新样”，就是突出文殊菩萨的重要。至于他为什么要突出文殊不得而知。画面上文殊菩萨正面端坐在青狮之上，手执如意，表情严肃。前面有善财童子捧物相迎，左面的牵狮人是胡装的于阗国王，头戴红锦风帽，身穿红袍，足蹬毡靴，手握缰绳，叉开双脚，作牵引狮子前进的样子。狮子则回首怒吼。怒吼的狮子更加衬托出菩萨深藏不露、喜怒不形于色的安详。人和狮子均为五色的

北魏壁画：《九色鹿》（局部）。甘肃敦煌莫高窟（千佛洞）257窟西壁。描绘在九色鹿本生故事中，被九色鹿救起的溺水人为了贪图富贵，带领国王去捕猎九色鹿，但国王最终被九色鹿的正气所感动。

祥云所托。

经变图构成了敦煌壁画的一大题材。隋唐时期，大乘佛教广泛流行，用于俗讲的讲经文和在民间演唱的变文随之兴起。韵、散相间，通俗生动。与之相辅而行的是“变相”。所谓“变相”，就是把佛经中的内容，用绘画的方式表现出来，绘在墙壁上的就是我们今天在莫高窟看到的壁画，绘在绢幡上的，就是藏经洞出土而流散在外的绢画或幡画，它们是在俗讲时挂在梁柱上的。敦煌壁画中变化最多的经变是法华经变，法华经变以《妙法莲华经》为依据，在唐代前期形成了巨型的完整结构。譬如第217窟南壁《化城喻品》中的山水人物画，《法华经》宣扬“三乘归一”的道理，举了个“化城”的寓言：说一群人到远方去求宝，到了一个险恶无人的地方，众人疲惫已极，不觉产生急流勇退的想法。这时，有一位“强识有智慧”的导师，采用方便法门变化出一座城来，城中风光旖旎，楼台亭阁，小桥流水，这位导师热情地请众人进去休息。众人进城以后，更不想走了；于是，导师又把城化灭，告诉众人这只是一个暂时的休息之所，应该继续“勤精进”而共同到达宝物所在之地。画面上河水蜿蜒曲折地伸向天边，山峦重叠起伏，道路回旋婉转，在山间盆地的中间，出现一座西域风格的城郭，行人们三三两两地分散在山间，表示故事中不同时段的情节。有的骑马缓行，有的驻马歇息，有的策马奔向化城。这些不同场合的画面，在同一空间里被融合为一个整体，形成一幅完美的山水人物图。

唐代周家样风格绘画：文殊经变图中的三人组合乐队。甘肃敦煌莫高窟（千佛洞）103窟。周家样，是唐代画家周昉艺术风格的俗称。

敦煌壁画中的维摩变，是根据鸠摩罗什译本《维摩诘所说经》绘制的，主要表现的是《文殊师利问疾品》，也就是《维摩诘所说经》中最富戏剧性的部分。其大概的情节是：在毗耶离城有一位信佛的居士名叫维摩诘，这位居士虽然信佛，但是又颇有魏晋名士的风度。他精通佛教哲理，而又不出家。当时他生病在家，释迦牟尼知道以后，便派十大弟子、四大菩萨前去问疾，可谁都知道维摩诘的能言善辩而不敢去，最后只好派智慧最胜的文殊师利菩萨前往。于是，文殊在前往听法的众菩萨、天人的簇拥下进入毗耶离城。莫高窟在隋代的时候就已经出现维摩变，但画面很简单。从唐代的贞观年间（627—649年）开始，维摩变的规模变得宏大起来，可见人们对他的兴趣越来越大。第220窟的维摩诘，手握羽扇，凭几而坐，面部略带病容，好像是大病初愈，身体向前微微地倾斜，目光似剑，有咄咄逼人之势，神采飞扬，胡须奋张。再看对面的文殊，从容就座，举止端庄，神态自若，与慷慨激昂的维摩诘形成鲜明的对比。

在晚唐流行的经变中，最富戏剧性的要数劳度叉斗圣变了。其中又以第9窟和第196窟的两幅保存比较完整。故事说的是：六师外道劳度叉，要求舍卫国国王允许他和佛家比试法术，而且要以性命作抵押。劳度叉先化出一山，舍利弗化出手执金刚杵的金刚力士，将其击碎；劳度叉化作一头水牛，舍利弗化作狮子，狠狠地咬住水牛的颈项，血流满地；劳度叉化作七宝池，舍利弗化作六牙白象，以鼻子吸干池水；劳度叉化作毒龙兴风作浪，舍利弗化作金翅鸟啄瞎龙的眼睛；劳度叉化作狰狞的夜叉，舍利弗化作毗沙门天王，执枪托塔，恶鬼跪地求饶；劳度叉化作枝叶繁茂的大树，舍利弗化作风神，手持风囊鼓风，结果大树被连根拔起，草木随风而倒，烈火顺风烧向劳度叉的阵营，只见劳度叉的帷帐倾斜，宝座摇摇欲坠，慌乱的外道徒众拽绳打桩，攀杆系索，扶梯支帐，但双足离地，被狂飙吹得满地乱滚。劳度叉目瞪口呆，举止失措。外道的阵营一片混乱，相继投降，一个个剃发出家，皈依佛法。

五代壁画：劳度叉斗圣变中的动物。甘肃敦煌莫高窟（千佛洞）146窟西壁。描绘舍卫国大臣须达与舍利弗一起寻找营造精舍的处所时，乘用的牲畜及车辆。

敦煌壁画在艺术上重在传神，特别注意勾画人物的眼睛，人物或喜悦、或沉思、或慈祥、或愤怒、或哀怨、或傲慢、或超脱、或冷漠，全在眼神中表露无遗。第12窟《法华经变》中的一幅《作战图》，渲染战场的厮杀，充满生死相搏的气氛。第285窟《五百强盗成佛图》中描绘强盗临刑前的横眉冷对、愤慨不平；第98窟画一位骑马的射手，刻画他张弓持箭，引而未发时的紧张表情；第53窟画一位突厥射手，勾勒他注视离弦之箭的神情；第323窟中《纤夫图》描绘了纤夫弓腰背纤的艰难；第205窟中篙工在惊涛骇浪中的勇敢坚强；第445窟中《嫁娶图》突出了婚礼庄重喜庆的氛围；第159窟《挤奶图》中描摹小牛奔向乳牛的迫不及待，均生动活泼，充满生活气息。

敦煌的壁画不但有观赏价值，而且具有学术价值。譬如由敦煌壁画的启发到佛光寺的发现。1937年，梁思成教授等在敦煌考察，从壁画《五台山图》上发现在五台山的某处深山中还有一座不为人知的寺庙。他们随即赶到五台山考察，终于在相应位置发现了佛光寺。该寺建于唐大中十一年（857年），至今已有1100多年。它的塑像、壁画、建筑以及遗留的前人墨迹均精美无比，堪称“四绝”。以往，人们对佛光寺不甚留意，由于敦煌《五台山图》的提示，这座古刹重新焕发出光彩。

# 第十二章　书法

《兰亭序》

《自叙帖》

《淳化阁帖》

《研山铭》

《三希堂法帖》

# 书法

## 《兰亭序》

东晋最著名的书法家就是王羲之、王献之父子，人称“二王”。王羲之，字逸少，琅琊临沂人。出身贵族。官做到右军将军，所以后人称他王右军。王羲之因为与王述不和，辞官归田，在会稽山阴，也就是现在的浙江绍兴定居。王羲之早年从卫夫人（272—349年，女书法家）学习书法，后来学习张芝（?—约192年，书法家，敦煌酒泉人）的草书，钟繇（151—230年，三国魏大臣，书法家）的正书，博采众长，推陈出新，一变汉魏以来的质朴书风，成为妍丽流变的新体。王羲之的书法，雄强多变，为历代的书法家所崇尚，产生了深远的影响。他的书迹，均成为稀世的珍宝。其中的《兰亭序》更是珍宝中的珍宝。关于王羲之的《兰亭序》，流传着许多离奇的故事。

《兰亭序》是王羲之于永和九年（353年）暮春之际与朋友聚会时乘兴而作的。是年三月初三，王羲之、谢安、孙绰、李允等41人在会稽山阴兰亭溪畔，曲水流觞，把酒赋诗。王羲之乘兴为之作序，是为名噪天下、千古流芳的《兰亭序》。《兰亭序》共28行，324字，其笔法、结构、姿态皆臻化境，素有“天下第一行书”之称。

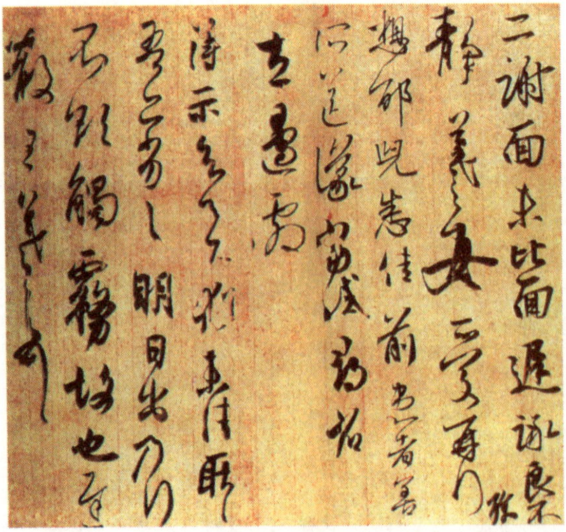

《兰亭序》（局部）：东晋王羲之书。

传说唐代的时候，有一位智永和尚的弟子辨才，在他卧室的房梁上凿了一个洞，用来收藏王羲之书写的《兰亭序》，比他师傅智永在世时还要加倍地爱惜珍重。贞观年间，唐太宗在处理政务的闲暇，专心研究、练习书法，临摹王羲之的真草书帖，将王羲之的字帖几乎全都搜求购买下来，只是没有找到《兰亭序》。他到处寻找，才得知在辨才那里，于是下圣旨调辨才作官内道场的僧官，给的待遇十分优厚。过了几天，借闲谈的机会，问到了《兰亭序》，多方地启发诱导，用尽了各种办法，辨才坚持说，从前侍候师傅时确实看见过《兰亭序》，自从师傅去世，又历经丧乱，已不知失落到哪里去了。经过一段时间，唐太宗还是没有打听到《兰亭序》的下落，就让辨才回到越州（今浙江一带）去了。后来又多方探寻查找，都说仍在辨才那里，太宗又下旨召辨才入宫，重新追问《兰亭序》的下落。这样反复了三次，辨才还是不肯把《兰亭序》拿出来。

唐太宗对亲近的大臣说："对右军的书法，我特别的喜爱，他留下的墨迹，没有赶得上《兰亭序》的，能够见到它，是我梦寐以求的事。辨才和尚已经老了，他拿着又没有用，假如能找到一位有智谋的人，设个计策一定能找到《兰亭序》。"尚书左丞仆射房玄龄说："我听说监察御史萧翼，是梁元帝的曾孙，现在家住魏州莘县（今山东莘县），这人很有智谋，可以担当这项使命，必然能找到《兰亭序》。"唐太宗就召见了萧翼。萧翼说："假若以官方使者的身份前去，是没有可能找到的，我请求私下到那里去见他，但需要有王羲之父子的其他字帖三四件。"太宗按照他的要求给了几幅字帖。

萧翼换上了普通的服装，到了洛水（今河南洛河），搭乘商船，来到了越州。又换上黄色长衫，衣服宽大而又破旧，像一个书生的样子。傍晚到了辨才所在的寺院，沿着长廊观看壁画。经过辨才住的院子，在门前停住了脚步。辨才远远看到萧翼，就应道："施主从哪儿来的？"萧翼向前施礼说："弟子是北方人，带了一些蚕种来卖，经过寺庙就参观，有幸遇到了禅师。"寒暄过后，二人感到谈得很融洽，辨才就请萧翼进屋，一起下围棋、弹琴、投壶、玩双陆，谈文说史，志趣很是相投。辨才说："有的人，和他交往到头发白了，也像刚认识那样生疏。有的初次相逢，却好像老朋友一样。以后我们可以不拘形迹了。"当晚就留萧翼在寺中住下，拿出新酿好的缸面药酒和果品招待他。喝得高兴时，辨才就请萧翼一起作诗。辨才拿到的是"来"字韵，他作了一首诗：

初酝一缸开，新知万里来。

### 智永

智永：陈、隋间僧人，王羲之七世孙，本姓王，名法极，法名智永。善书法，尤工草书。山阴（今浙江绍兴）永欣寺僧，人称"永禅师"。相传曾手写《真草千字文》800余本，分送浙东诸寺庙，以期借佛门之力，流布先祖书法。

披云同落寞，岁月共徘徊。
夜久孤琴思，风长旅雁哀。
非君有秘术，谁照不燃灰？

萧翼拿到的是“招”字韵，他的诗是：

邂逅款良宵，殷勤荷胜招。
弥天俄若旧，初地岂成遥？
酒蚁倾还泛，心猿躁似调。
谁怜失群翼，长苦业风飘。

二人的诗，工拙相差不多，彼此唱和，相见恨晚。这一夜过得非常愉快，第二天萧翼才离开寺院。临走时，辨才说：“先生有空就再来吧！”以后萧翼就带着酒去赴约，兴致来了就作诗，这样聚会了四五次，二人尽兴地饮酒赋诗，感情融洽得不分彼此。

过了将近一个月，萧翼把曾祖梁元帝亲笔书写的《职贡图》拿给辨才看。辨才赞叹不已，因此就谈起了书法。萧翼说：“我以前经人传授，先学习二王的楷书，所以从小就喜爱书法。现在我还随身携带着几幅书帖呢！”辨才听了高兴地说：“明天来的时候，把书帖带来让我看看。”第二天萧翼按约把字帖拿来让辨才看。辨才仔细地看了好半天，才说：“这倒确实是二王的手迹，但还不是最好的。我有一幅真迹，可不同一般。”萧翼问：“是什么帖？”辨才说：“是《兰亭序》。”萧翼笑着说：“经过几次战乱，真迹哪能存在呢？一定是临摹的伪作吧！”辨才说：“这是我师傅在世时珍藏的，临死时亲手交付给我，来龙去脉清清楚楚，哪能有错呢？明天你可以来看看。”第二天萧翼来了，辨才把《兰亭序》从房梁的洞中取出来。萧翼看完，故意挑毛病指缺点地说：“果然是响拓的伪作！”二人争论了好久，谁也说不服谁。自从把《兰亭序》拿给萧翼看以后，辨才再没有把它放回到房梁上，并且还把萧翼带来的字帖，一起借来放在桌上。辨才这时都80多岁了，每天都照着字帖在窗下临摹数遍。

从此以后，萧翼经常出入寺院，辨才的弟子、小童对他也不再有什么猜疑。有一天辨才应邀到本县汜桥南的严迁家去吃斋饭，萧翼就私下来到辨才的房前，对小童说：“我把手帕忘在桌上了。”小童给他开了门，萧翼就从桌上拿走了《兰亭序》以及他从宫中带来的二王书帖，马上到永安驿，告诉驿长陵愬说："我是御史，奉圣旨来到这里，这里有皇帝亲手写的命令，快把这事报告你们的都督。"都督齐善行听到这事，赶快骑马跑来。萧翼向他宣读了圣旨，并把经过都告诉了他。齐善行派人跑着去召辨才，辨才还在严迁家没有回到寺院，他见使者急急忙忙地找他，还不知发生了什么事，使者告诉他："御史大人要见你。"等到辨才见到御史，才知道原来是经常来他房中的萧翼。萧翼告诉辨才："我是奉旨来取《兰亭序》的，《兰亭序》现在已拿到了，所以喊禅师前来告别。"辨才听到这些，昏倒在地，很久才苏醒过来。

《乐毅论》：王羲之书，美国纽约大都会博物馆藏。

萧翼快速向京城进发，到了长安，奏明了皇帝，太宗非常高兴，认为房玄龄举荐得人，赏给他锦缎1000匹。提升萧翼为员外郎，升为五品，赏赐他银瓶、金镂瓶、玛瑙碗各一个，里面都装满了珍珠。还有皇帝马棚中的骏马两匹，并配有珍宝装饰的鞍辔。另外还赏赐住宅和田庄各一处。太宗起初对辨才秘藏《兰亭序》不献出来很是生气，但可怜他年岁大了，不忍心惩罚他。还赐给他布3000匹，谷3000石。辨才不敢把这些财物自己拿来使用，就用它建造了一座三层宝塔。辨才由于受惊吓得了重病，过了一年多就死了。

太宗命令专门拓写碑帖的人赵模、韩道政、冯承素、诸葛真等4人，每人拓写了几本《兰亭序》，赏给皇太子、诸王和一些亲近的大臣。贞观二十三年（649年），太宗身体不适，住在玉华宫含风殿。临死时，对高宗说："我想跟你要一件东西，你确实是一个很孝顺的孩子，哪会违背我的心愿呢？是不是这样呢？"高宗听到这话，哽咽流泪，把耳朵靠近太宗，听太宗有什么吩咐。太宗说："我想要的就是《兰亭序》，让它伴我一起去吧！"后来《兰亭序》就成了太宗的随葬品，埋入了陵墓，从此自人世间消失。

如果这一传说属实，还真让人们看到了一线希望，毕竟太宗昭陵还没发掘，也许会有一天，《兰亭序》能复归人间。还有一说，五代朱温曾盗掘唐太宗昭陵，攫取墓中宝物。果真如此，《兰亭序》恐怕在劫难逃了。



## 《自叙帖》

怀素（725—785年），唐代书法家，字藏真，俗姓钱，僧名怀素。生于湖南零陵县，后来移居长沙。幼年好佛，出家为僧，为人疏放，不拘小节，热衷草书艺术。怀素家境贫穷，没有钱买纸，种了很多芭蕉，用芭蕉叶代替纸张来练字。又说他在一个盘子上练字，又在一块木板上写字，天长日久，盘子和木板都让他写穿了。怀素曾经拜金吾兵曹邬彤为师。邬彤告诉怀素："草书的古势很多。但是，唐太宗不喜欢王献之的字，说王献之的字像寒冬中的枯树。我曾经从张旭（草书之圣，字伯高，吴县人）那儿学习书法，他告诉我：'孤蓬自振，惊沙坐飞。'我从中得到很多启发。"怀素听了，高兴地连说好。分手的时候，邬彤告诉怀素："草书竖牵，似古钗脚。好自为之吧。"怀素后来见到颜真卿（709—785年），颜真卿是邬彤的同学。怀素对他说了邬彤临别时告诉他的八个字。颜真卿笑笑说："古钗脚何如'屋漏痕'？"他又问怀素有什么自己的体会，怀素说："我经常观察天上的云朵，从云彩的运动和形状变化中汲取灵感。"颜真卿听了连声称赞道："草书的玄妙，代不乏人。我今天算是听到了闻所未闻的高论了。"大历十二年（777年），怀素摘录部分赠诗和序，以狂草写成《自叙帖》。《自叙帖》，纸本，纵28.3厘米，横775厘米；126行，共698字，帖前有李东阳篆书引首"藏真自叙"字。原迹现藏台北故宫博物院。

《怀素书蕉》：清末吴友如绘，描绘怀素和尚在芭蕉叶上练习草书的故事。

怀素的草书，风格粗犷，气满神旺，纵横不羁，常常写到一丈左右，怀素绕纸一周，毫无倦色。前人称赞他自立门

户，不寄人篱下。人们这样形容他的草书："若惊蛇走虺，骤雨狂风"。有人说"张旭为颠，怀素为狂"。大历七年（772年），怀素北赴长安及洛阳，寻求进一步的发展。由于他个性洒脱，草书绝妙，受到颜真卿等书家、诗人及名流公卿的激赏，李白、戴叔伦和钱起等名流都曾经赠以诗文赞赏他的书法。礼部尚书韦陟看到他的草书，说怀素的书法"当震宇宙大名"。中唐诗人戴叔伦曾经写过一首诗《怀素上人草书歌》，对怀素的草书极尽赞美之情：

楚僧怀素工草书，古法尽能新有余。
神清骨竦意真率，醉来为我挥健笔。
始从破体变风姿，一一花开春景迟。
忽为壮丽就枯涩，龙蛇腾盘兽屹立。
驰毫骤墨剧奔驷，满座失声看不及。
心手相师势转奇，诡形怪状翻合宜。
有人细问此中妙，怀素自言初不知。

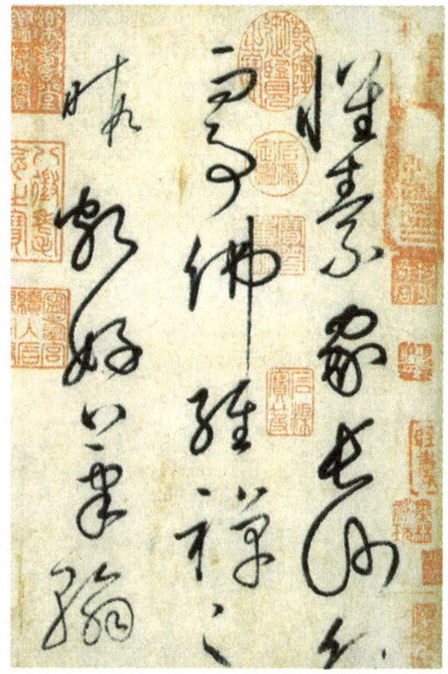

怀素《自叙帖》（局部）：《自叙帖》下笔活泼飞动，奔腾激荡，抒情如泼墨大写意般。现藏台北故宫博物院。

《自叙帖》是怀素晚年草书的代表作。用细笔劲毫写大字，笔画圆转遒逸，如曲折盘绕的钢索，收笔出锋，锐利如钩斫，所谓"铁画银钩"。通篇为狂草，笔笔中锋，如锥划沙盘，纵横斜直，无往不收；全卷强调连绵草势，运笔上下翻转，忽左忽右，起伏摆荡，有疾有速，有轻有重，像是节奏分明的音乐旋律，极富动感。上下呼应如急风骤雨，可以想见当年操觚之时，心手相师，豪情勃发，一气贯之的情景。明代安岐谓此帖："墨气纸色精彩动人，其中纵横变化发于毫端，奥妙绝伦有不可形容之势。"通幅于规矩法度中，奇踪变化，神采动荡，实为草书艺术的极致表现。

毛泽东是怀素书法的爱好者。毛泽东读帖不重版本是否珍贵，而着眼于分析各家的长短，体其风貌，察其用笔、结构、章法等，吸取其精髓，以丰富自己的书法艺术。在中国书法中，毛泽东最喜爱的是草书，而在草书中，毛泽东又最喜欢怀素的草书。毛泽东对怀素的《自叙帖》《论书帖》《苦笋帖》等百读不厌，爱不释手。1974年，日本外相大平正芳访华时，毛泽东在书房里接见了他，亲切交谈之后，还特地赠送给他一本自己喜爱的《怀素自叙帖真迹》，大平正芳十分高兴。

# 《淳化阁帖》

元人重武轻文，所谓“只识弯弓射大雕”；宋人恰恰相反，重文轻武，进一步完善科举制度，士人重视书法成为十分自然的事情。随着文化和科技的进步，制墨、造纸、制笔的工艺有了很大的进步，为书法的发展创造了很好的条件。宋代的帝王对书法的喜爱，较之唐代，可以说是有过之而无不及。他们提倡书法绘画，身体力行，不遗余力。据说宋太祖的书札，有类颜字，多带晚唐气味。宋太宗的字，人评他“草入三昧，行书无对，飞白入神”。据说，宋太宗日理万机之暇，学书至深夜。宋仁宗闲暇时无所爱好，唯亲翰墨，而飞白尤为神妙。也许是受宋仁宗的影响，曹皇后的飞白也很出色。宋徽宗则更是多才多艺，虽然他在皇帝的位置上干得很糟糕。书法方面，宋徽宗尤善草书，笔势劲逸，初学薛稷，后来变其法度，自号“瘦金书”。宋代的皇帝们虽然大力地搜求古帖，但并不将其束之高阁，而是大兴刻帖，使法帖化身千百，普及到广泛的社会阶层。淳化三年（992年），宋太宗赵光义命翰林侍书王著甄选内府所藏的历代帝王、大臣、书家的墨迹作品摹勒刊刻。这就是《淳化阁帖》的由来。《淳化阁帖》共10卷，收历代书家102人，计420帖，每卷末篆题“淳化三年壬辰岁十一月六日奉圣旨摹勒上石”19字。《淳化阁帖》又名《淳化秘阁法帖》，或称《官帖》，简称《阁帖》。《淳化阁帖》是我国历史上现存的最早的一部丛帖。有人说，王著不善鉴别，致使《淳化阁帖》真伪杂陈，次序错乱，贻误后人。有人指责刻帖失真，去原作太远，以讹传讹，前贤风韵，丧失殆尽。这些指责不能说没有一点道理，但是，在当时的技术条件下，能够达到那样的水平，已经难能可贵。对于书法的提高和普及起到了巨大的作用。

王澍临《淳化阁帖》的行草书：北京首都博物馆《笔落珠玉——清代对联册页书法展》。

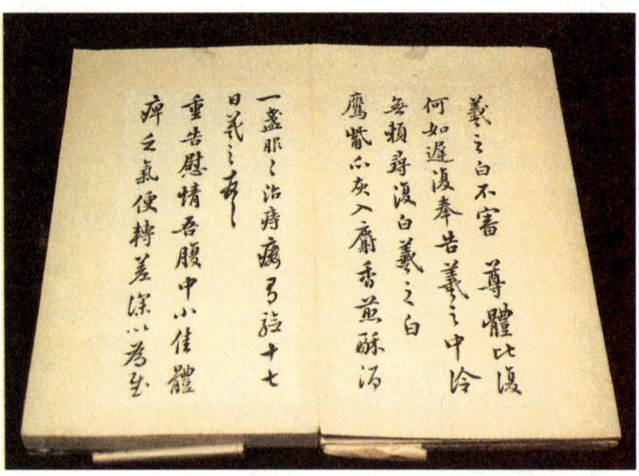

《淳化阁帖》的刊刻是有史以来影响最大的一次书法艺术普

及运动。它第一次大规模地将国宝级的古代真迹普及、输入到民间，壮大了书法爱好者的队伍，对宋代书法开创新气象、增添新活力，促进中国书法艺术的发展起到了极大的推动作用。正如赵孟頫（元代书画家，字子昂，号松雪道人，湖州人）所云："书法之不丧，此帖之泽也。"同时，《阁帖》还为后人保存了大量已经绝迹屡经聚散、佚多存少的书法珍品。例如：王羲之真迹在唐太宗时尚存千纸，到宋太宗刊刻《阁帖》时仅有150多件（其中还含有大量摹仿本），沧桑变迁，星转斗移，时至今日，王羲之的真迹早已荡然无存，即便是那些摹本、临仿本也已经是凤毛麟角。如若没有《淳化阁帖》，中华民族独有的书法艺术宝库将损失一大笔宝贵的财富。《淳化阁帖》开启了官刻丛帖之端，培育了官私刻帖的风气。《淳化阁帖》为诸帖之祖。后来潘师旦增入别帖，重编20卷，这就是《绛帖》。宝月大师因淳化阁摹刻，即所谓《潭帖》；大观年间，奉旨以御府真迹重刻于太清楼，中间有《兰亭序》，即人们所谓的《大观帖》。后有刘焘的《太清楼续阁帖》、刘次庄的《戏鱼堂帖》、赵铚父子的《鼎帖》、吴琚的《玉麟堂帖》、曹士冕的《星凤楼帖》、米元章的《宝晋斋帖》、宋绶的《赐书堂帖》等等。《淳化阁帖》为后世刻帖开创并制定了刊刻的体例，编排的样式，1000年过去了，基本上没有什么变化。刻帖所收，大都是行草手札，所以行草成为两宋的时尚，两宋的书法名家无不以行草享誉书苑。

早在唐代，太宗李世民就有意确立王羲之"书圣"的地位，他不惜以帝王的身份，亲自在《晋书》中为王羲之立传。怎奈当时民间并无王右军只字片纸，仅一《集王圣教序》行楷碑刻行世，远远不能满足书法爱好者的需要。那时纵使有皇家的褒奖鼓吹，但书圣地位已经名存实亡。真正在民间确立王羲之"书圣"地位，还得依赖于《淳化阁帖》的刊刻。《淳化阁帖》在辑刻过程中，采用"独尊二王""罢黜百家"的方针，凡与二王风格相异者，一概拒之门外。10卷《淳化阁帖》，"二王"独占了5卷。总共420帖中，"二王"的帖数占233帖，超出半数。《淳化阁帖》刻成之后，宋太宗非常高兴，马上就赐宗室大臣一本，从此以后，凡遇大臣来中书省和枢密院“二府”的，就赐一墨本。不久就不再赐本了。所以，在宋代《淳化阁帖》就十分稀贵。因为这个原因，宋代翻刻的《淳化阁帖》就有30多种。

2003年上海博物馆以450万美金从美国的安思远手中成功收购了《淳化阁帖》的善本。此套宋拓《淳化阁帖》存卷6至卷8，旧称“司空公本”。曾经为南宋贾似道，元人赵孟頫、明人孙承泽，清人安岐、钱樾、李宗瀚，民国李瑞清、周湘云、蒋祖诒、吴普心等递藏。20世纪80年代初，此帖归美国大收藏家安思远所有。安氏藏本另有卷4（1994年新发现），曾被贾似道收藏，有董其昌、翁方纲、吴荣光等人的题跋。此本以白麻纸擦墨拓，着墨浓处似漆，淡处又若蝉翼。有银锭纹7处，略凸出板面，一望而知非后世依银锭刻框者。1996年安思远将所藏《淳化阁帖》卷6至卷8并别本卷4带来北京故宫博物院展出，有《安思远藏善本碑帖选》一书出版，请启功先生作序。2002年此4卷本又被《中国美术分类全集·中国法帖全集》第一册收录。

《淳化阁帖》的回归祖国，颇有传奇色彩。1995年3月，当时身为国家文物局外事处处长的王立梅，要赴美参加《中华文明五千年文化艺术展》的谈判。临行前，启功先生对她说：“你这次去美国，能否去找一个叫安思远的人，据说他手中藏有北宋《淳化阁帖》3卷，请他拿到北京展览，我不见到宋刻真本，死不瞑目。”

安思远是英国的名门望族，住在纽约。他领王立梅参观了他的公寓，他的家几乎就是一座中国文物博物馆：中国清代的瑞龙图案的宫廷地毯，条几上是唐代的石刻思维菩萨，嵌在墙上的是元代的道都壁画，长条茶几上是东汉的一组青铜车马，门旁是唐代的陶俑。当4卷《淳化阁帖》放在王立梅面前时，她激动万分，虔诚地、屏息静气地翻阅着宋刻真本，安思远坐在对面一直盯着她。安思远提出：“我也可以将《淳化阁帖》让给你们，但不是无偿，我们可以交换。”“你对交换的文物有目标吗？”王立梅问。“可以交换故宫收藏的清代朝珠。”回到北京，王立梅立即向国家文物局领导汇报了有关情况。文物局的领导很重视，马上和故宫博物院联系，请故宫选择可以交换的朝珠。另一方面又积极筹备《淳化阁帖》来北京展览的事情。

1996年9月，安思远先生如约携带北宋拓《淳化阁帖》第6、7、8卷及第4卷到北京，在故宫博物院进行展览。启功先生和国内一流的书法家、研究人员们对这4卷《淳化阁帖》进行鉴定。他们对每个印章、题跋都仔细地一一地加以辨认，专家们一致认为这4卷是宋刻宋拓无疑。

自从安思远要卖《淳化阁帖》的消息传出去以后，不断有人上门向他表示要买《淳化阁帖》。安思远表示，《淳化阁帖》不卖给日本人。经过种种曲折，《淳化阁帖》最后到了上海博物馆。

上海博物馆接收《淳化阁帖》的时候，有一个小小的插曲。当王立梅将《淳化阁帖》送到上博的时候，汪庆正副馆长和上海博物馆的六七位书画专家当晚进行了查验，汪副馆长用他收藏的20世纪20年代珂罗版印制的《淳化阁帖》与宋拓《淳化阁帖》一卷卷进行查对，逐一地对照每卷的印章、题跋。查到第7卷时发现少了3页，当时汪副馆长脸色都变了，大家都很紧张，马上查看第8卷，发现多了3页，正好是第7卷少的那3页，这下大家才放下心来。经过仔细查对，验明正身，确认这4卷的确是北宋祖本。

## 《研山铭》

米芾生于北宋仁宗皇祐三年（1051年），卒于徽宗大观元年（1107年），字元章，号海岳外史、襄阳漫士、鹿门居士，晚年号懒拙老人。他的祖籍是山西太原，后来迁居湖北襄阳，长期住在江苏镇江。徽宗时召为书画学博士，人称“米南宫”。米芾一生爱奇石，知无为军时，州有巨石，奇丑，米芾一见之下，非常惊喜，说：“此足以当吾拜！”穿戴得整整齐齐，恭恭敬敬地拜了几拜，呼为石兄。世人看他痴到如此地步，便称他为“米癫”。米芾精通文物，热心收藏各种文物；又精于诗文，王安石曾经摘取米芾的诗句书在扇子上；他喜欢穿唐装，风神萧散，吐音清朗，所到之处，人群围观；有洁癖，毛巾、器皿都是个人专用。米芾天资高迈，他的山水画自成一家，尤善临摹，达到可以乱真的地步。其书法博采古人所长，超轶绝尘，以瑰伟、雄强、妍丽、姿致、豪爽、淋漓的风格受人喜爱，为一代之奇迹，与苏轼、黄庭坚、蔡襄合称“宋四大家”。《宋史》本传说他“特妙于翰墨，沈著飞翥，得王献之笔意”。米芾家里藏有很多晋代以来的古帖，藏室起名为“宝晋斋”。米芾继承“二王”的书法传统，下过苦功，达到登堂入室的境界。真、草、隶、篆、行无不擅长，而尤以行草见长。有一次，皇帝召见他，问他本朝有哪些书法家，米芾一一回答，并说：“蔡京不善用笔，蔡卞行笔而缺乏气韵，蔡襄是刻字，沈辽是排字，黄庭坚是描字，苏轼是画字。”皇帝问：“你的字怎么样？”米芾回答说：“我是刷字。”他自称“刷字”，是指他用笔迅疾而劲健，尽兴尽势尽力，追求“刷”的韵味、气魄、力量，追求自然。他的书法作品，大至诗帖，小至尺牍、题跋，都具有痛快淋漓、欹纵变幻、雄健清新的特点，快刀利剑的气势。难怪黄山谷赞誉他的书法“如快剑斫阵，强弩射千里，所当穿札，书家笔势，亦穷于此”。

《研山铭》手卷，水墨纸本，高36厘米，长138厘米，分三段。第一段是米芾用南唐澄心堂纸书写的39个行书大字：“研山铭五色水浮昆仑潭在顶出黑云挂龙怪烁电痕下震霆泽厚坤极变化阖道门宝晋山前轩书。”刚劲强健的运笔，一股潇洒奔腾之势，变化无穷。纵放自如，飞动之中不失稳重，端庄之中兼具婀娜之姿，虽然不如《多景楼诗》《虹县诗》那样飞白灵动，却是增添了几分刚劲、奔腾、沉顿雄快，显示出米书成熟时期的功力。启功先生赋诗赞誉道：“羡煞襄阳一枝笔，玲珑八面写秋深。”

米芾《研山铭》拓片：湖北襄阳。

此卷第二段绘研山图，上有篆书题款为：“宝晋斋研山图不假雕

饰，浑然天成。”“研山”是一块山形砚台，在研山奇石图的各部位，用隶书标明：“华盖峰、月严、方坛、翠峦、玉笋下洞口、下洞三折通上洞、予尝神游于其间、龙池遇天欲雨则津润、滴水小许在池内经旬不竭。”

第三段为米芾的儿子米友仁的行书题识：“右研山铭，先臣芾真迹，臣米友仁鉴定恭跋。”米芾外甥金代王庭筠的题跋：“鸟迹雀形，字意极古，变态万状，笔底有神，黄华老人王庭筠。”清代尤长笔法的书画家陈浩题作隽永的跋尾：“《研山铭》为李后主旧物，米老平生好石，获此一奇而铭以传之，宜其书迹之尤奇也，昔董思翁极宗仰米书，而微嫌其不淡然。米书之妙，在得势如天马行空，不可控勒，故独能雄视千古，正不必徒以淡求之。若此卷则朴拙疏瘦，岂其得意时心手两忘，偶然而得之耶！使思翁见之，当别有说矣。乾隆戊子十一月，昌平陈浩题。”

上面的钤印有：内府书印（三次）、宣和、双龙圆印、绍兴，贾似道的“长”“悦生”（两次）、于腾、味腴轩、于腾私印、东海郯人、受麟（两次）、受麟私印、飞卿、石禅孳子、石甫、湘石过眼。周於礼印、立崖、陈浩之印、七十四翁、梦德星庵、梦庐审定真迹、玉堂柯氏九思私印等23方。

《研山铭》手卷曾经进入北宋、南宋的宫廷。南宋理宗的时候被右相贾似道收藏。贾似道虽然是历史上有名的奸相，却十分爱好文物。手卷递传到元代，被元代最负盛名的书画鉴藏家柯九思收藏。清代雍正年间，被书画鉴赏家、四川成都知府于腾收藏。由于历史的原因，此卷不幸流落到东瀛，被日本有邻博物馆收藏。2002年12月6日在中贸圣佳国际拍卖有限公司举行的拍卖会上，北宋著名书法家米芾的行书《研山铭》卷以人民币2999万元的高价，由参加定向投买的中国文物信息咨询中心购得，并于第二天将此珍品转交北京故宫博物院。启功先生看了以后说：“能在中国的北京看到米芾的《研山铭》，饱了眼福。过去看《研山铭》的照片高兴，临《研山铭》高兴。今天我90多岁了，看到了真的《研山铭》原作，是眼福啊！”

# 《三希堂法帖》

北海公园是一座风景秀丽的皇家御园，在北海公园里还有鲜为人知的两座精美石刻博物馆，那就是阅古楼和快雪堂。

阅古楼书法石刻博物馆位于琼华岛西麓，其楼为半圆形，分上下两层，左右环抱，共25间，楼内墙壁间镶嵌了《三希堂法帖》石刻，共计495方。乾隆皇帝酷爱书法，乾隆十一年（1746年），得到晋书法家王羲之《快雪时晴帖》、王献之《中秋帖》、王珣《伯远帖》珍贵墨迹三种，很是欢喜，将其收藏在养心殿温室，并改其室名为“三希堂”。为了给这3件稀世之宝增添光彩，1747年乾隆特命户部尚书梁诗正等人将内务府所藏魏晋至明代的名家书法手迹编成了《三希堂石渠宝笈法帖》32卷，请了上等的刻工摹刻上石。从原本上向下钩摹的工作，在懋勤殿进行。刻帖用的石料，是从房山采来的“艾叶青”石，此石坚硬细腻，与汉白玉相同。刻成之后，专门在北海琼华岛西麓修建了环抱半圆形的“阅古楼”加以保存。据记载，这部《三希堂法帖》共收集了我国魏、晋到明末的135人的340件作品，另有题跋210多件，印章1600多方，9万多字。《三希堂法帖》为我国群帖书法艺术的荟萃，而《三希堂法帖》石刻则是我国现存最完整的古代书法集成石刻，其中有晋书风格的《伯远帖》、褚（遂良）临、冯（承素）摹的《兰亭序》、蔡襄的《陶生帖》、苏轼的《黄州寒食帖》、黄庭坚的《松风阁》、赵孟頫的《纨扇赋》、文徵明的《与野亭札》、董其昌的《曹娥碑》。除此以外，还有许多历史名人，如苏洵、苏辙、欧阳修、曾巩、陆游、朱熹等人的手迹，极具文物价值。由于全部系墨迹上石，刻工精细，所以被后人所推崇。原石嵌在北京北海公园阅古楼壁间，道光时进行了一次修剔，并增刻了花边。初拓本流传较少。

《三希堂法帖》：法帖共收集魏、晋至明末135人的300余件作品，并各家题跋200余条，分为32册，刻石500块。现藏于北京故宫博物院。

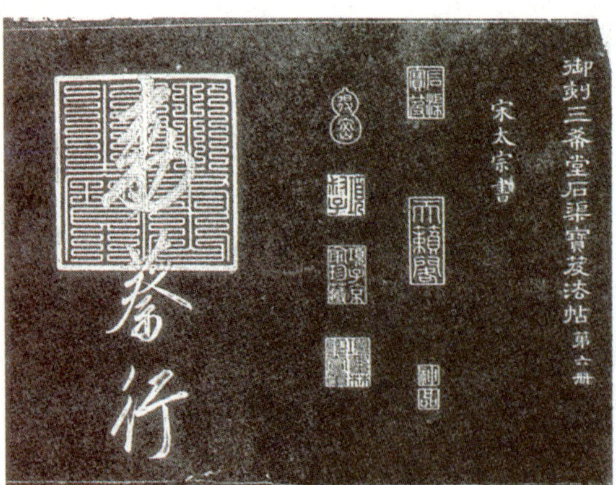


《三希堂法帖》刻成后，乾隆二十年（1755年），乾隆又命蒋溥、汪由

敦、嵇璜、裘曰修、于敏中等编次《墨妙轩法帖》4卷，以为《三希堂法帖》之续，款式与《三希堂法帖》相同，收集自唐褚遂良以下诸家书法作品30余种，由焦国泰镌刻，帖石嵌在万寿山之惠山园墨妙轩两壁。原石现在已经佚失。

快雪堂书法石刻博物馆位于北海北岸，毗邻九龙壁。《快雪堂石刻》就镶嵌在快雪堂东西回廊的内壁上。《快雪堂石刻》是怎么形成的，又是怎样镶嵌在这里的呢？据史书记载，明末世传晋代大书法家王羲之的《快雪时晴帖》真迹被大学士冯铨得到，冯铨又辑选晋代至元代的20位书法名家的80篇墨宝，与王羲之的《快雪时晴帖》共计81篇，请当时的镌刻名家刘光旸摹刻上石，这就是《快雪堂石刻》。乾隆四十四年（1779年），闽浙总督杨景素辗转花重金购得石刻并献于乾隆皇帝。乾隆得此石刻如获至宝，为了完好地保存这套稀世珍品，命令在北海北岸浴兰轩后增辟一进院落，建楠木大殿“快雪堂”，将石刻镶嵌于东西两廊内，还特作《快雪堂记》一篇，勾勒上石，也镶嵌于廊内，并题诗赞誉道：“剩留快雪公天下，一脉而今见古朋。”

三希堂法帖卷十苏轼《新岁展庆》：民国拓，河南安阳中国文字博物馆。

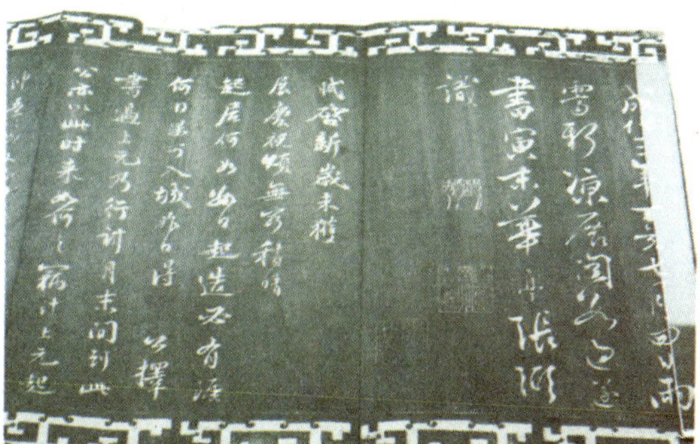

1958年，毛泽东请田家英向故宫博物院“借阅那里的各种草书手迹若干”，其中就有《三希堂法帖》。他在访苏的短暂而紧张的日子里，也未忘记随身带几本《三希堂法帖》。

**图书在版编目（CIP）数据**

文物的故事／王天红著．一石家庄：河北人民出版社，2014.5（2020.12 重印）
（人文故事丛书）
ISBN 978-7-202-08457-1

Ⅰ．①文… Ⅱ．①王… Ⅲ．①文物–世界–通俗读物 Ⅳ．①K89-49

中国版本图书馆 CIP 数据核字（2013）第 303540 号

| | |
|---|---|
| **丛 书 名** | **人文故事丛书** |
| **书　　名** | 文物的故事 |
| **著　　者** | 王天红 |
| 选题策划 | 王苏凤 |
| 责任编辑 | 贺秀红 |
| 美术编辑 | 李　欣 |
| 封面设计 | 武　德 |
| 责任校对 | 付敬华　余尚敏 |
| 组　　稿 | 北京新浪大江流文化传播有限公司 |
| 出版发行 | 河北出版传媒集团　河北人民出版社<br>（石家庄市友谊北大街 330 号） |
| 印　　刷 | 河北东方欲晓印务有限公司 |
| 开　　本 | 787 毫米×1092 毫米　1/16 |
| 印　　张 | 12.75 |
| 字　　数 | 173 000 |
| 版　　次 | 2014 年 5 月第 1 版　　2020 年 12 月第 2 次印刷 |
| 书　　号 | ISBN 978-7-202-08457-1 |
| 定　　价 | 39.80 元 |